Lektüre Durchblick

Heinrich Mann

Der Untertan

Inhalt · Hintergrund · Interpretation

Boris Prem

Mit Info-Klappe

mentor
Eine Klasse besser.

Willkommen bei »mentor Lektüre Durchblick«!

Sie lesen gerade den »**Untertan**« im Deutschunterricht? Dann finden Sie hier in knapper und verständlicher Form – oft auf besonders übersichtlichen Doppelseiten – genau die Informationen, die Sie jetzt brauchen.
Sie werden sehen: Wenn Sie sich mit diesem Hintergrund den »Untertan« nochmals vornehmen, steht dem vollen Durchblick nichts im Wege. Denn je mehr Sie schon wissen, desto mehr entdecken Sie selbst im Text – und so macht Deutsch-Lektüre erst richtig Spaß!

Viel Erfolg

wünschen Ihnen
Boris Prem und der mentor Verlag

Der Autor:
Boris Prem, Gymnasiallehrer für Deutsch, Griechisch und Latein

Alle Zitate nach:
Heinrich Mann: Der Untertan. Roman
Frankfurt am Main 1991, 12. Aufl. 2004
Mit einem Nachwort und Materialienanhang von
Peter-Paul Schneider
(= Studienausgabe, Fischer Taschenbuch Band 10168)
Text- und seitenidentisch mit Heinrich Mann: Der Untertan. Roman
Frankfurt am Main 1996, 12. Aufl. 2004
(= Fischer Taschenbuch Band 13640)

Wegweiser

Inhalt 4

Die Thematik in Kürze 4
Die Handlung in Kürze 5
Die Handlung 6

Hintergrund 21

Der Autor 22
Das Gesamtwerk 24
Schaubild: Der Aufbau des Textes 26
Die Erzähltechnik 28
Die sprachliche Form 30
Die literarische Gattung 34
Der Text in seiner Zeit 36
Wort- und Sacherklärungen 39

Interpretation 41

Textanalyse 41
Aufgaben mit Lösungstipps 56

Lese- und Filmtipps 62
Stichwortverzeichnis 64
Schaubild: Die Personen Info-Klappe
Inhaltsübersicht Info-Klappe

Inhalt

Die Thematik in Kürze

Heinrich Mann untersucht für die Zeit Kaiser Wilhelms II. den Mechanismus, durch den der Einzelne zu gesellschaftlicher Macht gelangt. Dabei entdeckt er im »Untertan« den erfolgreichen Machtmenschen, der sich den Mächtigeren bedingungslos fügt und zugleich die Schwächeren unterdrückt.

Diederich als Vertreter des Machtprinzips

Als *weiches Kind* (S. 9) ist Diederich wie zum »Untertan« geboren. Eine autoritäre Erziehung in Familie und Schule, aber auch die Bevormundung in Studentenverbindung und Militär führen bei ihm zu einer bedingungslosen Verehrung der Macht, wie er sie vor allem in Kaiser Wilhelm II. verkörpert sieht. Das Machtprinzip, dem Diederich alles andere unterordnet, kann allerdings nur Ersatz sein für echte humane Werte, wie Freiheit oder Brüderlichkeit. Da Diederich zu solchen Werten aber nicht durchdringt, ist es ihm auch nicht möglich, sich selbst zu finden. Er ist darauf angewiesen, eine Rolle zu spielen. Theatralischer Schein anstelle von Wahrhaftigkeit ist für Heinrich Mann ein wesentliches Merkmal der Wilhelminischen Ära.

Der alte Buck und Agnes als Vertreter echter Werte

Vor allem der alte Buck ist Diederichs Gegenspieler. Er vertritt Werte wie Geist, Demokratie und Menschlichkeit. In einer Zeit, in der die patriotisch-kaisertreue Gesinnung immer mehr zur Voraussetzung für gesellschaftlichen Aufstieg wird, ist er zum Scheitern verurteilt.

In ähnlichem Gegensatz zu Diederich steht Agnes, seine erste Freundin. Sie verkörpert das Prinzip der selbstlosen Liebe. Auch Diederich lernt diese Liebe kennen, entscheidet sich aber gegen sie.

Die Handlung in Kürze

Der Roman handelt von Diederich Heßlings unaufhaltsamem Aufstieg zu wirtschaftlichem Wohlstand, politischer Macht und gesellschaftlichem Ansehen. Am Ende ist er der mächtigste Mann seiner Heimatstadt Netzig.

Diederich nimmt die ersten Hürden

Nach erfolgreichem Abschluss seines Studiums übernimmt Diederich die väterliche Papierfabrik. Seine Beziehung zu Agnes beendet er, als er durch sie seine Karriere bedroht sieht.

Erfolg im gesellschaftlichen Bereich

Nur vorübergehend erregt Diederich den Unwillen der politisch wie gesellschaftlich dominierenden Bürger seiner Heimatstadt. Seine konsequent kaisertreue Gesinnung, die er im Prozess gegen den liberal denkenden Fabrikbesitzer Lauer glänzend unter Beweis stellt, sichert ihm die Gunst der Mächtigen, besonders die des Regierungspräsidenten Wulckow. Mit Wulckows Hilfe triumphiert Diederich über seinen Geschäftskonkurrenten Klüsing, dessen Fabrik er schließlich übernimmt. Der Errichtung eines Kaiserdenkmals, sichtbarer Ausdruck des Siegs der Monarchie über die demokratischen Kräfte, steht nichts mehr im Wege. Selbst die liberale Bewegung gibt ihren Widerstand auf. Als mächtigster Mann Netzigs hat Diederich die Rolle des alten Buck übernommen.

Erfolg auch im privaten Bereich

Auch im familiären Bereich ist Diederich erfolgreich: Mit Guste Daimchen heiratet er eine vermögende Frau. Das Ehepaar Heßling bekommt drei Kinder.

Die Handlung

Da die Kapitel des Romans in der Regel sehr umfangreich sind, wurde der Text noch in weitere Abschnitte untergliedert. Die hinzugefügten Überschriften erleichtern die grobe inhaltliche Orientierung.

I. Wie ein Untertan entsteht

Kindheit und Schulzeit (S. 9–17)

Als *weiches* (S. 9) und verträumtes Kind ist Diederich das Spiegelbild seiner Mutter: Er nascht und schwindelt wie sie und liebt vor allem das Märchenbuch. Vor dem Vater und anderen Gewalten (z. B. der Polizei, dem lieben Gott) hat er **Respekt**, während er gegenüber Schwächeren (z. B. den Arbeitern in der väterlichen Fabrik, den Schwestern) seine **Macht** ausspielt. Einen jüdischen Mitschüler zwingt er vor dem Kreuz in die Knie. Sein masochistischer Charakter zeigt sich darin, dass er selbst bei kleineren Vergehen vom Vater bestraft werden will.

Die erste Studienzeit, erste Liebeserfahrungen (S. 17–29)

Diederich, der in Berlin sein Chemiestudium aufgenommen hat, plagt Heimweh. Endlich besucht er den Zellulosefabrikanten Göppel, einen Geschäftspartner seines Vaters, der ihn freundlich aufnimmt. Diederichs Verhältnis zu Göppels Tochter **Agnes** schwankt von Anfang an zwischen Zuneigung und Ablehnung: Er besorgt ihr eine teure Konzertkarte, gibt aber nicht zu, dass sie von ihm stammt. Der grobschlächtige Ingenieurstudent Mahlmann, der bei Göppels zur Untermiete wohnt, bemüht sich ebenfalls um Agnes. Er besitzt die Dreistigkeit, Diederich das letzte Geld abzunehmen, um ihr davon einen Blumenstrauß zu kaufen. Zur weiteren Annäherung Diederichs an Agnes kommt es bei einem Zoobesuch. Auf der Rückfahrt taucht Mahlmann erneut auf, um ihn wegen Agnes zurechtzuweisen. Als wenige Tage später die Semesterferien beginnen, flüchtet sich der verängstigte Diederich in seine Heimatstadt Netzig.

Zurück in Netzig und Fortsetzung des Studiums (S. 30–58)

Von seiner **Liebe zu Agnes** beschwingt, ergeht sich Diederich in **sentimentalen Gefühlen**. Die Mutter führt die Veränderungen, die sie an ihrem Sohn bemerkt, auf die Großstadt Berlin zurück und rät ihm, in einer kleineren Stadt zu studieren. Diederich aber lässt sich von seinem ehemaligen Schulkameraden Hornung dazu überreden, doch wieder nach Berlin zurückzukehren. Diederich wird nun Mitglied der **Studentenverbindung** der Neuteutonia, der auch Hornung angehört. Das Reglement, das hier herrscht, kommt Diederichs Wesen entgegen: Vor allem gilt es, Bier zu trinken. Diederich fühlt sich geborgen und findet Anerkennung. Bald ist er »Leibfuchs« des Jurastudenten Wiebel.

Auf einem Tanzball kommt es einmal beinahe zum Eklat. Diederich ist dabei, eine Dame zum Tanzen aufzufordern, da kommt ein Unbekannter und schnappt sie ihm weg. Sofort will sich Diederich duellieren. Als sich jedoch herausstellt, dass der Rivale ein vornehmer Adeliger ist, bezeigt Diederich nur noch seine Ehrerbietung.

Als Diederich das Geld für die Heimreise fehlt und er Mahlmann bittet, ihm für einen Wechsel zu bürgen, hat Mahlmann noch einmal Gelegenheit, Diederich zu verhöhnen: *›Ein ganz gemeiner Hund‹, dachte Diederich. ‚Aber so muß man sein . . .‹* (S. 45). Kurz nach Diederichs Ankunft in Netzig stirbt der Vater, Diederich wird zum Erben. Auch das **Militär** mit seinen **autoritären Strukturen** imponiert Diederich. Trotzdem versucht er sich zu drücken. Wegen eines leicht verstauchten Fußes wendet er sich an einen der Neuteutonia verbundenen Sanitätsrat und erreicht die vorzeitige Entlassung.

Durch die Vorträge eines Assessors von Barnim wird Diederich mit **erzkonservativen und antisemitischen Ideen** vertraut gemacht. Seine reaktionäre politische Einstellung nimmt klarere Konturen an.

Diederichs erste Begegnung mit dem Kaiser (S. 58–64)

Diederich wird Zeuge der Februarkrawalle des Jahres 1892. Der bloße Auftritt des Kaisers beschwichtigt die demonstrierenden Arbeitslosen. Diederich ist so beeindruckt, dass er von einem Rausch ergriffen wird, *herrlicher als de[m], den das Bier vermittelt* (S. 63). Er verfolgt den Kaiser bis in den Tiergarten, wo er für einen Augenblick mit ihm allein ist. Im Laufen bremst Diederich allerdings so abrupt ab, dass er sich *mit Wucht in einen Tümpel* (S. 64) setzt und vom Kaiser ausgelacht wird.

II. Das wahre Gesicht gewinnt Kontur …

Agnes' unglückliche Liebe zu Diederich (S. 65–101)

Noch im Kaiserrausch trifft Diederich **Agnes** an, die er fast drei Jahre lang nicht mehr gesehen hat. Nun erst erfährt er, dass sie Mahlmann keineswegs geliebt hat. Er lädt sie ein und schläft mit ihr. Durch ihr Eingeständnis, in ihn verliebt zu sein, verringert sich für Diederich Agnes' Wert. Aber auch er gesteht seine **Liebe** – in einem Brief, den er nicht abschickt. Es kommt nun zu häufigeren Zusammenkünften, bald aber lässt Diederich Agnes immer öfter warten. *Eine Geliebte, die ihn an seiner Karriere hindern wolle, könne er überhaupt nicht brauchen* (S. 78).

Einmal besucht ihn der junge Buck. Wolfgangs Ansichten über den Kaiser, dem er *eine heimliche Liebe für die Sozialdemokratie* (S. 80) zutraut, verstärken Diederichs Misstrauen Wolfgang gegenüber nur noch.

Während eines Ausflugs auf dem Land erreicht die **Liebe** zwischen Diederich und Agnes ihren **Höhepunkt**, zugleich **aber auch ihr Ende**. Als das Boot, auf dem sich die beiden treiben lassen, beinahe kentert, schreibt Diederich die Schuld daran Agnes zu und nun ist der Bruch endgültig. Sicherheitshalber wechselt Diederich noch einmal seine Wohnung. Kurz nach dem Doktorexamen besucht ihn Herr Göppel, um ihm wegen Agnes ins Gewissen zu reden. Diederich weist alle Anschuldigungen von sich. Scheinheilig erklärt er: *»[...] Mein moralisches Empfinden verbietet mir, ein Mädchen zu heiraten, das mir ihre Reinheit nicht mit in die Ehe bringt.«* (S. 99).

III. ... Sentimentalität und Rücksichtslosigkeit

Diederich als neues Familienoberhaupt in Netzig (S. 102–109)

Auf der Heimfahrt nach Netzig trifft Diederich **Guste Daimchen**, eine Kindheitsbekanntschaft. Er wird ihr gegenüber zudringlich und steckt dafür eine **Ohrfeige** ein. Das imponiert ihm: *›So eine könnte man getrost heiraten.‹* (S. 103). Als er von Gustes Verlobung mit Wolfgang Buck erfährt, ist er enttäuscht.

Zu Hause angekommen, erfüllt ihn das Bewusstsein, nun das **Oberhaupt der Familie** zu sein, mit sentimentalen Gefühlen. Aus seinem Plan, die Fabrik zu vergrößern, macht Diederich keinen Hehl, die angesehene Stellung der Familie Buck stellt er nun ernstlich in Frage. Vor den Arbeitern der Papierfabrik hält Diederich eine überschwängliche Ansprache, die bereits an Worte des Kaisers anklingt.

Der zweite Tag in Netzig (S. 109–160)

Diederich greift in der Fabrik durch

Gleich am nächsten Morgen übt Diederich Kritik an der Arbeit des Buchhalters Sötbier. Anlass ist das Herumliegen von Bierflaschen und das Fehlen eines *Reglements*, also einer festgelegten **Ordnung**. Ein junges Paar, das Diederich hinter Lumpenballen entdeckt, wird wegen unsittlicher Handlungen entlassen. Auch Napoleon Fischer, den Maschinenmeister, will er entlassen: Fischer ist Sozialdemokrat.

Neue soziale Kontakte

Diederich sucht nun die wichtigsten Persönlichkeiten der Stadt auf. Als Erstes schaut er bei dem alten **Buck** vorbei, dessen humane Gesinnung ihn doch wieder stark beeindruckt, und Diederich beeilt sich zu versichern, dass selbstverständlich auch er liberal sei. Den **Bürgermeister Scheffelweis** trifft er zusammen mit **Jadassohn** an, einem Assessor der Staatsanwaltschaft. Während Jadassohn aber aus seiner nationalen Gesinnung keinen Hehl macht und liberale Bürger wie den alten Buck als *Umstürzler* (S. 124) bezeichnet, drückt sich Scheffelweis davor, eindeutig Position zu beziehen. Diederich fasst Mut, seine nationale Gesinnung offen zu bekennen, was ihn aber nicht daran hindert, erneut zu versichern, er sei ein *durchaus liberaler Mann* (S. 129).

Jadassohn und Diederich, die sich in ihrer kaisertreuen Gesinnung einig wissen, besuchen den Ratskeller, um zu Mittag zu essen. Anschließend wird Diederich zu einem **Pastor** namens **Zillich** mitgenommen, der sich über die freigeistige Gesinnung seines Schwagers **Heuteufel** beklagt. Bei Heuteufel handelt es sich um den Arzt, der Diederich damals das Attest verweigert hatte, als er sich um den Militärdienst drücken wollte. Diederich nähert sich in zudringlicher Weise Käthchen, Zillichs Tochter. Ihre Ähnlichkeit mit Guste springt ihm ins Auge.

Auf dem Weg durch die Stadt gelangen die drei Männer zur Freimaurerloge, wo sie neben Heuteufel weitere Logenbrüder antreffen: den liberalen **Fabrikanten Lauer**, **Landgerichtsrat Fritzsche** und den jüdischen **Warenhausbesitzer Cohn**. Man empört sich über dieses gefährliche Sektenwesen und rühmt die Frömmigkeit des Kaisers.

Ein Zwischenfall

Da fällt ein Schuss: Ein Wachtposten vor dem Bezirkskommando hat einen Arbeiter erschossen. Es ist der Mann, den Diederich mit einer Arbeiterin hinter den Lumpen entdeckt und entlassen hat. Regierungspräsident Wulckow wird an einem Fenster des Regierungsgebäudes sichtbar und spricht dem Wachtposten sein Lob aus. Diederich erfüllt die Erschießung des Arbeiters mit Begeisterung, auch Jadassohn und Zillich begrüßen das Verhalten des Wachtpostens. Die Logenbrüder (Heuteufel, Lauer, Fritzsche, Cohn), die inzwischen herbeigeeilt sind, entrüsten sich hingegen.

Der Eklat

Die sieben Männer besuchen nun den Ratskeller. Diederich lehnt es ab, sich mit den Logenbrüdern an einen Tisch zu setzen. Jadassohn und Zillich schließen sich ihm an. Am Tisch der Logenbrüder erregt man sich weiter wegen der Erschießung des Arbeiters. Schließlich lässt sich **Lauer** zu der Bemerkung hinreißen, die herrschende Kaste sei verjudet, sogar das Haus des Kaisers. Diederich droht mit **Anzeige bei der Staatsanwaltschaft**.

Inzwischen ist der gutmütige, aber etwas senile **Major a. D. Kunze** eingetroffen. Ihren Höhepunkt erreicht die patriotische Stimmung mit **Gymnasialprofessor Kühnchen**, der sich zu den Konservativen gesellt, um Kriegserlebnisse zum Besten zu geben. Der Tisch der Liberalen ist jetzt leer. Für **Nothgroschen**, Redakteur der »Netziger Zeitung«, der schließlich auch noch erscheint, hat Diederich nur Verachtung übrig. In der »Netziger Zeitung« soll ein Brief des Kaisers abgedruckt werden, in dem sich dieser zum positiven Christentum (s. unten S. 39) bekennt. Diederich nimmt den Umstand zum Anlass, die Anwesenden nach ihrer Meinung zum Kaiser zu befragen. Da ihn die Antworten nicht befriedigen, lässt er darüber abstimmen, ob der Kaiser *auch ein Werkzeug [Gottes] ist* (S. 156). Der Antrag wird angenommen und man beschließt, dem Kaiser ein Huldigungstelegramm zu schicken. Diederich gibt auch noch ein zweites gefälschtes Telegramm an Nothgroschen weiter und behauptet, es stamme vom Kaiser. In dem gefälschten Telegramm wird der Wachtposten, der den Arbeiter erschossen hat, belobigt und zum Gefreiten befördert.

IV. Der Untertan auf dem Weg nach oben

Die schwierige Zeit bis zum Prozess gegen Lauer: Diederich stößt in Netzig auf breite Ablehnung (S. 161–210)

Am Tag danach macht Diederich mit seinen Expansionsplänen Ernst: Trotz **Geldknappheit** und Sötbiers Warnung bestellt er einen neuen Holländer (eine Maschine, s. unten S. 39). Anschließend besucht er Heuteufel. Er fürchtet, Heuteufel könnte den Brief, der ihn vom Militärdienst befreien sollte, gegen ihn verwenden; aber Heuteufel hat ihn nicht mehr. Vor der Praxis trifft er Jadassohn, der Lauer wegen **Majestätsbeleidigung** anklagen will. Diederich versucht nun, den Vorfall herunterzuspielen, und es kommt zwischen den beiden zur Verstimmung.

Wieder zu Hause, stellt Diederich fest, dass das gefälschte Telegramm tatsächlich vom Kaiser bestätigt wurde. Er fasst neuen Mut und **beschließt, Guste zu umwerben**. Von ihrer Mutter wird er misstrauisch empfangen. Wegen Kritik an Wolfgang Buck, ihrem Verlobten, ist auch Guste verstimmt. Als Diederich von Jadassohn erfährt, Guste habe nur 50 000 Mark geerbt, wendet er sich von ihr ab, um sich nun um Käthchen Zillich zu bemühen.

Wegen des bevorstehenden Prozesses gegen Lauer gerät Diederich zunehmend in **Isolation**. Cohn und Kunze wenden sich gegen ihn. Pastor Zillich münzt eine Sonntagspredigt auf Diederich. Als Diederich von Fritzsche, der mit dem Prozess als Untersuchungsrichter befasst ist, erfährt, dass er, Diederich, als Hauptzeuge eingesetzt wurde, versucht er die Angelegenheit erneut herunterzuspielen: Jadassohn sei der Drahtzieher. Die Stimmung gegen Diederich führt auch zu **geschäftlichen Einbußen**. Das Weihnachtsfest wird zusätzlich durch die Sorge um die Finanzierung des bestellten Holländers verdüstert. Diederich ist auf einem **Tiefpunkt** angelangt. Nur die Flucht in sentimentale Gefühle vermag noch Trost zu spenden. Diederich ist nahe daran, sich Käthchen zu erklären, allein die finanziellen Sorgen halten ihn zurück.

Der Holländer trifft pünktlich ein, aber Diederich, der die hohen Kosten scheut, verlangt, dass die Maschine zurückgenommen wird. Napoleon Fischer ist dazu bereit, die vertragswidrige Beschaffenheit des Geräts zu bestätigen. Die Lieferfirma beauftragt ihren **Prokuristen Kienast** mit der Überprüfung der Beanstandungen. Als Ursache für die verminderte Leistung des Holländers stellt sich ein verstopftes Ventil heraus. Die Rücknahme der Maschine kommt nun nicht mehr in Frage.

Kienast lässt sich zum Abendessen einladen und begleitet Diederichs Schwester Magda, in die er sich bereits am Morgen verliebt hat, auf einem Spaziergang. Die offenbar glänzende Stellung Kienasts lässt es Diederich geraten scheinen, die Verbindung zwischen den beiden nach Kräften zu fördern: Und wirklich, es kommt zur **Verlobung**. Schon am nächsten Morgen wird über die **Mitgift** verhandelt. Diederich kann seine Vorstellungen weitgehend durchsetzen, zumal Magda all ihre Reize aufbietet. Auf einem Spaziergang treffen die Verlobten und Diederich auf Guste und ihre Mutter. Diesmal zeigt sich Guste Diederich gegenüber schon weniger ablehnend. Schließlich begegnen die drei noch Wolfgang Buck, der Diederich eine Lektion über das theatralische »So-tun-als-ob« im Leben erteilt. Zuletzt bittet Wolfgang ihn, sich um Guste zu kümmern, da er in Berlin noch ein zweites Liebesverhältnis habe.

Der Prozess gegen Lauer und seine Folgen (S. 210–246)

In der Anfangsphase des Prozesses zeigt sich Diederich noch **unsicher** und **kleinlaut**: Jadassohn in der Funktion des Staatsanwalts jagt ihm einen gehörigen Schrecken ein. Wolfgang Buck, der die Verteidigung übernommen hat, scheint die Situation hingegen im Griff zu haben.

Zillich gesteht und auch Kunze kann nicht leugnen, dass Lauers Äußerung, die Fürstenhäuser seien verjudet, auch dem Haus des Kaisers gegolten habe. Bucks Antrag, einen *Sachverständigen zu vernehmen, welche deutschen Fürsten jüdisches Blut haben* (S. 220), löst eine erste Woge der Empörung aus. Die Stimmung im Saal hat sich gewendet. Nothgroschen belastet Lauer *auf das schwerste* (S. 221) und selbst Fritzsche weist jeden Zweifel an **Diederichs Glaubwürdigkeit** zurück und hält es zugleich für möglich, dass Lauer *seinen politischen Anschauungen einen Ausdruck gab, der [...] die beleidigende Absicht hindurchschimmern ließ* (S. 222). Scheffelweis kann sich vorstellen, dass Lauers soziale Reformen *den Umsturz vielleicht doch zu befördern geeignet* sein könnten (S. 229).

Schließlich wird Diederich noch einmal vorgelassen. Durch die nun folgende Rede, eine **pathetische Kampfansage an Demokratie und Humanität**, entscheidet Diederich die Sache für sich. Selbst Wulckow kann ihm seine Gunst nicht länger vorenthalten. Diederichs **gesellschaftliche Stellung** in Netzig ist damit **gesichert**.

Wolfgang **Bucks Rede** steht als wesentliche Stelle für das Verständnis von **Manns Weltbild** genau in der Mitte des Romans. Buck entwickelt darin seine Sicht der Gesellschaft, nach der das öffentliche Leben einer Komödie gleicht, und warnt vor dem *neue[n] Typus* des Untertans, *der in Härte und Unterdrückung [...] den Sinn des Lebens* sieht (S. 240).

Lauer wird zu sechs Monaten Gefängnis verurteilt und ist damit gesellschaftlich und geschäftlich »erledigt«.

Diederich hingegen darf nun einen Teil des Papiers für die »Netziger Zeitung« liefern. Auch der **Aufnahme in den Kriegerverein** steht nichts mehr im Weg.

V. Auf der Seite der Macht

Der Pakt mit Wulckow (S. 247–340)

Auch Diederichs Schwestern profitieren von der neuen Gunst, in der ihr Bruder steht: Wulckows Frau lädt Emmi und Magda zum Tee ein. Beide dürfen Rollen in Frau von Wulckows Stück »Die heimliche Gräfin« übernehmen, das demnächst aufgeführt werden soll.

Einen Besuch, den Guste bei Heßlings abstattet, nutzt Diederich, um auf Guste Eindruck zu machen: Er führt sie durch die Fabrik und als er erfährt, dass sie in Wirklichkeit nicht nur 50 000 sondern 350 000 Mark geerbt hat, wird sie für ihn noch attraktiver. Zuletzt plumpsen die beiden, *ineinander verwickelt*, auf die Lumpensäcke (S. 253).

Klüsings Papierfabrik lässt Diederich keine Ruhe. Er schleicht um sie herum, gelangt aber schließlich zum »Grünen Engel«, einer übel beleumdeten Gastwirtschaft, wo er zu seinem Erstaunen Käthchen Zillich antrifft. Das Auftauchen Jadassohns bestätigt das Gerücht, nach dem die beiden miteinander ein Verhältnis haben.

Sofort ist **Käthchens Lebenswandel** Gesprächsthema bei Heßlings. Diederich verbietet den Umgang mit ihr. Da lässt Frau Heßling sich zum Ausplaudern eines alten Gerüchts hinreißen: Gustes Vater sei der alte Buck. Diederich setzt das Gerücht gezielt in Umlauf, um Gustes Position zu schwächen.

Als Frau von Wulckows Stück »Die heimliche Gräfin« wenige Tage später aufgeführt wird, ist der **Skandal um die Familie Buck** das wichtigste Gesprächsthema. In der zweiten Theaterpause lockt Diederich Käthchen in ein vom Zuschauerraum aus zugängliches Liebeskabinett (S. 302ff.) und fällt über sie her. Als Guste überraschend dazukommt, kann Käthchen nicht länger an sich halten, und Guste, die bisher nichts von dem Gerücht gehört hat, muss erfahren, dass ihr Verlobter möglicherweise ihr Halbbruder (S. 306) ist.

Die Zeit ist reif: Diederich will **Stadtverordneter** werden. Erneut sucht er Unterstützung bei Fischer. Der schlägt sie ihm nicht aus, aber Diederich muss schriftlich zusichern, sich für das geplante **Gewerkschaftshaus** einzusetzen. Der alte Buck, der Diederich noch immer nicht aufgegeben hat, lässt ihn als Kandidaten der freisinnigen Partei aufstellen. Diederich hat sich nicht verkalkuliert. Tatsächlich erhält er von seiner eigenen Partei zu wenig Stimmen und die

Sozialdemokraten müssen ihn »retten«. In seinem neuen Amt erregt Diederich Aufmerksamkeit durch seinen Einsatz für die Kanalisation der Gegend um den »Grünen Engel«.

Von Wulckow vorgeladen, der dazu bereit ist, ihn gegen seinen Konkurrenten Klüsing in Gausenfeld zu unterstützen, wagt sich Diederich allerdings zu weit vor: Wulckow soll die für das **geplante Kaiserdenkmal** ins Auge gefassten Grundstücke sichern, noch bevor der Stadtrat darüber entschieden hat. Wulckow stößt wüste Drohungen aus. Diederich mache *sich einer schweren Beamtenbeleidigung schuldig* (S. 337). Schließlich willigt Wulckow aber doch ein. Als Gegenleistung verlangt er, dass Diederich sein eigenes Grundstück mitsamt Wohnhaus und Fabrik verkaufe. Diederich ist bereit, das Opfer zu bringen. Wulckow verrät freilich nicht, dass er das Grundstück seinem Vetter Quitzin zuschachern will.

Heirat mit Guste (S. 340–361)

Wolfgang Buck, der sich von Guste nun endgültig trennen will, überlässt es Diederich, Guste über seine Entlobung zu informieren. Sie fällt *plumps auf die Knie* (S. 344) und Diederich ist bereit, sie zur Frau zu nehmen. Freilich nur unter der Bedingung, dass er das volle **Verfügungsrecht über ihre Mitgift** erhält. Als das Brautpaar eine Aufführung von Wagners Oper »Lohengrin« besucht, ist Diederich begeistert: *alle nationalen Forderungen* (S. 353) scheinen ihm erfüllt.

Ausgerechnet am Hochzeitstag macht Wulckow Ernst: Diederich muss sein Grundstück mit dem Haus verkaufen, noch dazu zu einem ungünstigen Preis. Der Käufer, ein gewisser Karnauke, Premierleutnant a. D., gibt sich als Vermittler im Auftrag Quitzins, des Vetters von Wulckow, zu erkennen. Karnauke überreicht Diederich auch den von Wulckow zugesagten **Orden**. Im Hochgefühl tritt Diederich die **Hochzeitsreise** an. Vor der Vereinigung mit Guste, die im Zugabteil vollzogen wird, gedenkt Diederich noch einmal des Kaisers.

VI. Der Untertan triumphiert

Diederich und der Kaiser in Rom (S. 362–372)

Die Reise führt zunächst nach Zürich. Als Diederich erfährt, dass der Kaiser auf dem Weg nach Rom ist, folgt ihm das junge Paar sofort. Wie schon im 1. Kapitel kommt es noch einmal dazu, dass Diederich und der Kaiser *ganz miteinander allein* (S. 365) sind und einander ansehen. Während seines Aufenthalts in Rom bewacht Diederich seinen Kaiser unablässig, was bei der Bevölkerung **Bewunderung** auslöst, vor allem aber auch **Heiterkeit**. Einmal glaubt Diederich einen Attentäter entdeckt zu haben, der sich dann als Künstler entpuppt. Immerhin hat der Zwischenfall zur Folge, dass sich Diederich nun zusammen mit dem Kaiser in der Zeitung bewundern kann.

Zurück in Netzig: Diederichs politische Intrigen (S. 372–420)

Nach Netzig zurückgekehrt, leitet Diederich die **Gründung der »Partei des Kaisers«** in die Wege, um der Partei der Freisinnigen Stimmen zu entziehen und Fischer in den Reichstag zu bringen. Major Kunze ist dazu bereit, sich als Kandidat für die kommenden **Reichstagswahlen** aufstellen zu lassen. Nun gilt es die Werbetrommel zu rühren. Kunze verfällt bei seiner Kandidatenrede allerdings in einen zu liberalen Tonfall, und Hornung muss ihn ablösen. Auch Diederich nutzt die Gelegenheit und macht mit einer flammenden **Rede gegen das Säuglingsheim und falsche Humanität** auf sich aufmerksam. Das Einvernehmen mit Fischer verschlechtert sich nun allerdings zeitweise, da die »Partei des Kaisers« *zu viel gegen die Sozialdemokratie hetze* (S. 389). Diederich hingegen wirft Fischer vor, dass die Sozialdemokraten auch mit den Liberalen zusammenarbeiten.

Als ein gewisser Leutnant von Brietzen Diederichs Schwester Emmi sitzen lässt und Emmi einen Selbstmordversuch unternimmt, stellt Diederich, der sich nun auch menschlich berührt zeigt, Brietzen zur

Rede. Dieser leugnet das Verhältnis und auch sonst gleicht die Unterredung bis in Einzelheiten derjenigen, die seinerzeit Diederich mit Herrn Göppel zu bestehen hatte. Der Vorfall nimmt Diederich so sehr mit, dass er seine Weltsicht für kurze Zeit in Frage stellt und mit Wehmut an Agnes zurückdenkt.

Die »Partei des Kaisers« verliert zwar durch Einflüsse von Seiten der Freisinnigen weiter an Profil, aber das wichtigste Ziel wird erreicht: Heuteufel verfehlt die absolute Mehrheit und muss gegen Fischer in einer Stichwahl antreten. Diederich will nun alles dafür tun, dass die Wähler der »Partei des Kaisers« in der Stichwahl ihre Stimme Fischer geben. Auf der Wahlversammlung der Freisinnigen kommt es zum ersten Mal **zwischen Diederich und dem alten Buck zur offenen Konfrontation**. Diederich wird wegen des Grundstücksverkaufs zur Rede gestellt. Er dementiert, dass Wulckow sein Haus gekauft habe, und nun kommt ihm ein Schreiben zugute, das er kurz zuvor von Klüsing erhalten hat. Darin bietet Klüsing Diederich nicht nur seine Fabrik zum Kauf an, sondern verrät obendrein, dass zwei Mitglieder der freisinnigen Partei unter Umgehung des Stadtrats das Vorverkaufsrecht für ein gewisses Terrain verlangt hätten, auf dem man das Säuglingsheim bauen will. Obwohl Diederich nur raten kann, welche Parteimitglieder bei Klüsing waren, erringt er schließlich einen durchschlagenden Erfolg gegen seine politischen Gegner. Der alte Buck erleidet einen Ohnmachtsanfall.

Diederichs Rechnung geht auf: Fischer wird in den Reichstag gewählt; damit ist die Errichtung des Denkmals gesichert. Buck, der gegen Diederich selbst nicht mehr anzutreten wagt, strengt gegen die »Volksstimme«, die verleumderische Äußerungen Diederichs abgedruckt hat, einen Prozess an.

Diederich auf der Höhe seiner Macht (S. 420–433)

Der ungünstige Ausgang des Prozesses (der Redakteur der »Volksstimme« wird nur zu 50 Mark Strafe verurteilt) führt zur **endgülti-**

gen Niederlage Bucks. Er scheidet aus dem Stadtrat aus und tritt auch als Vorsitzender der freisinnigen Partei zurück.

Klüsings Papierfabrik, die inzwischen in eine Aktiengesellschaft umgewandelt wurde, wird zum Verkauf angeboten. Diederich empfiehlt die Aktien *auf das wärmste* (S. 420) und sie verkaufen sich gut. Auch der alte Buck beteiligt sich an dem Geschäft und wird sogar Aufsichtsratsvorsitzender. Bald aber fallen die Aktien, da die Regierung der Fabrik ihre Aufträge entzieht. Diederich erwirbt nun die Mehrheit der Papiere und wird **Generaldirektor des Unternehmens**. Der alte Buck selbst muss ihn dazu berufen. Diederich kauft sein eigenes Papierwerk zurück, und es kommt zur Fusion der beiden Fabriken.

Intrigen und kein Ende (S. 433–453)

Diederich schwört die Arbeiter auf seinen **konservativen Kurs** ein, sorgt **aber auch** für **sozialen Fortschritt**, indem er z. B. Arbeiterhäuser errichten lässt. Da Diederich nicht bereit ist, Kienast, der ihn beim Ankauf der Aktien unterstützt hat, finanziell zu entschädigen, kommt es zu einem drei Jahre dauernden Prozess. Durch kleinliche Streitereien leidet die Beziehung zu Kienast zusätzlich. In dieser Situation wird das Zusammenleben auch noch durch das Auftauchen obszöner Briefe erschwert. Ganz Netzig ist betroffen. Hornung gesteht schließlich, einige der Briefe geschrieben zu haben, und wird in ein Sanatorium eingeliefert.

Guste hat inzwischen drei Kinder zur Welt gebracht. Diederich indes verbringt die Abende immer häufiger am Stammtisch im Ratskeller. Auch die Liberalen finden sich dort ein, die nun immer stärker nationalen Ideen zuneigen. Daneben sucht Diederich Käthchen Zillich auf, die ihm als Prostituierte zu Diensten steht. Schließlich erwirbt er sogar das Haus des alten Buck.

Die Enthüllung des Kaiserdenkmals (S. 454–478)

Diederich darf die **Festrede** vor der Enthüllung des Denkmals halten, nicht Wulckow, mit dem Diederich nun auch noch ein Intrigenspiel anfängt. Dass er Haus und Grundstück so ungünstig verkaufen musste, wurmt ihn so sehr, dass er Wulckows Schacher mit dem Grundstück, auf dem das Denkmal steht, Fischer verrät. In der Festrede, die **nationalsozialistisches Gedankengut** vorwegnimmt, kommt Diederichs **kaisertreu-patriotische und antidemokratische Gesinnung** noch einmal mustergültig zum Ausdruck. Aufgelöst wird die Versammlung durch ein heftiges Gewitter, das sich als Hinweis auf eine bevorstehende Erhebung des Volks oder auch als »Strafgericht« deuten lässt.

Der Roman schließt mit dem Tod des alten Buck, der auf dem Sterbebett noch einmal Diederich zu Gesicht bekommt. Der Schreck versetzt ihm den Todesstoß: *»[. . .] Er hat den Teufel gesehen!«* (S. 478).

Hintergrund

Vom Überblick zum Durchblick

Jetzt kennen Sie immerhin schon einmal den Inhalt des Romans – aber sicher haben Sie jetzt auch eine Menge Fragen, denn Heinrich Mann verlangt seinen Lesern doch einiges an Lesearbeit ab. Bei deren Beantwortung will Ihnen der nun folgende Teil **»Hintergrund«** behilflich sein. Im Einzelnen werden meist auf Doppelseiten folgende Aspekte beleuchtet:

- Wer war **Heinrich Mann**?
- Welche **anderen Werke** von ihm sollte man kennen?
- Wie sieht der **Aufbau** des Romans genau aus?
- Mit welcher **Erzähltechnik** arbeitet der Autor?
- Was ist auffällig an der **Sprache**?
- Wie ist der Roman **gattungsgeschichtlich** einzuordnen?
- In welcher **Zeit** ist »Der Untertan« entstanden?

Weitere Infomationen erhalten Sie zu Sekundärliteratur und zur Verfilmung des Romans. Hilfreiche Wort- und Sacherklärungen runden diesen Teil ab.

Von der Textanalyse zur Textproduktion

Sie werden sich eventuell auch gefragt haben, was Heinrich Mann mit dem Roman bezweckt, ob er eine auch heute noch aktuelle Botschaft für uns hat oder ob er sich gar über seine Personen lustig macht. Dies und mehr behandeln wir im Teil **»Interpretation«**. Eine ausführliche **Textanalyse** beleuchtet zunächst verschiedene Seiten dieses doch sehr komplexen Textes. **Aufgaben mit Lösungstipps** runden die Interpretation ab – in diesem letzten Teil werden einzelne Aspekte des Romans aufgegriffen und als Fragen formuliert, wie sie auch in Klausuren oder Referaten auf Sie zukommen können.

Der Autor

Heinrich Mann
* 1871 in Lübeck
† 1950 in Santa Monica (Kalifornien)

Kindheit und Schulzeit

Manns Vater ist Kaufmann und als Inhaber wichtiger öffentlicher Ämter einer der angesehensten Männer der Hansestadt Lübeck, wo auch Heinrich seine Kindheit verbringt. Die Mutter hat brasilianische Vorfahren und ist als sinnliche und zugleich geistreiche Frau besonders den Künsten zugetan. So wächst Heinrich, der als Ältester einmal die Firma übernehmen soll, in einer Atmosphäre heiterer Geselligkeit auf. Am liebsten zieht sich der Junge allerdings zurück – zum Malen und zum Lesen. Schon in seiner Schulzeit entdeckt er das Schreiben als ein Mittel, sich über die Engstirnigkeit seiner Zeitgenossen lustig zu machen.

1889 verlässt Heinrich das Gymnasium, da er sich dem dort herrschenden Drill nicht länger aussetzen will. Aber er kann nicht gleich Schriftsteller werden. Man schickt ihn in eine Buchhandelslehre nach Dresden, die er ebenso wenig zu Ende führt wie ein Volontariat beim S. Fischer Verlag in Berlin.

Entwicklung zum Schriftsteller

Erst nach dem Tod des Vaters (1891) kann Heinrich seinen Neigungen nachgehen. Er schreibt Rezensionen für verschiedene Zeitungen und unternimmt bald ausgedehnte Reisen, besonders nach Italien. Ein rastloses Wanderleben beginnt. 1894 erscheint durch Unterstützung der Mutter Heinrichs erstes Buch: »In einer Familie«. In den folgenden Jahren entstehen neben kleineren Arbeiten weitere Romane, z. B. der satirische Roman »Im Schlaraffenland«.

Familiäre Beziehungen

Nachdem Heinrich seinem Bruder Thomas schon zuvor ein mangelndes Demokratieverständnis vorgeworfen hat, kommt es 1914, als Thomas aus seiner Begeisterung für den 1. Weltkrieg keinen Hehl macht, zum offenen Bruch. Erst 1922 versöhnen sich die Brüder wieder.

1914 heiratet Mann die Prager Schauspielerin Maria Kanova, mit der er sich in München häuslich niederlässt. Bald kommt Tochter Leonie zur Welt. 1928 kommt es zur Trennung und Heinrich Mann zieht nach Berlin. Dort lernt er die leichtlebige Nelly Kroeger kennen, die er 1939 heiratet. 1944 nimmt sie sich das Leben.

Nationalsozialismus und Nachkriegszeit

1931 wird Mann Präsident der Sektion Dichtkunst bei der Preußischen Akademie der Künste, muss aber das Amt 1933 wegen seiner antinationalen Gesinnung schon wieder niederlegen und verliert die deutsche Staatsbürgerschaft. Vor den Nationalsozialisten flieht er nach Frankreich, von wo aus er durch seine publizistische Tätigkeit das Hitlerregime bekämpft. 1940, nach der Kapitulation Frankreichs, flieht er in die USA. In Hollywood ist er schließlich als Scriptwriter bei Filmgesellschaften tätig – ohne großen Erfolg freilich.

Nach dem Krieg wird ihm das Amt des Präsidenten an der neu gegründeten Deutschen Akademie der Künste in Ostberlin angeboten. Aber Mann zögert zu lange: Kurz vor der geplanten Überfahrt stirbt er.

Das Gesamtwerk

»Professor Unrat oder Das Ende eines Tyrannen« (1905)

Gymnasialprofessor Raat, als »Unrat« verspottet, erinnert durch seine Autoritätsgläubigkeit und seinen zur Schau gestellten Nationalismus zunächst an Diederich. Seine Machtposition als Lehrer allerdings kann er auf Dauer nicht halten. Anders als Diederich gelingt es ihm nämlich nicht, die Bedürfnisse seiner triebhaften Natur in den Dienst seiner Karriere zu stellen.

Während Diederich Agnes fallen lässt, sobald er seinen gesellschaftlichen Aufstieg durch sie gefährdet sieht, hält Unrat an seiner Liebe zur Tänzerin Rosa Fröhlich fest, obwohl er dadurch seine Stellung verliert und sich der Lächerlichkeit preisgibt. Aber der Roman ist mehr als eine Schulsatire: Einst machtbesessener Lehrer, wird Unrat nun zum Anarchisten, der gegen die gesellschaftlichen Normen rebelliert und in seine Villa zu nächtlichen Vergnügungen einlädt. Heinrich Mann weist darauf hin, dass Unrat *einige Ähnlichkeit* mit ihm selber hat. Wie dieser hat auch Mann eine Entwicklung durchgemacht, die ihn von der Hochschätzung patriotischer Werte zur Rebellion gegen die etablierte Gesellschaft führte (s. unten S. 37).

»Die kleine Stadt« (1909)

»Die kleine Stadt« ist Manns erster Roman, der ganz aus seinem neuen demokratischen Weltbild hervorgegangen ist. Der Roman ist das Gegenstück zum »Untertan«. Nicht Pessimismus und Hass behalten die Oberhand im Umgang der Menschen miteinander, sondern Hoffnung und Liebe. Das Ideal steht den Forderungen der Gesellschaft nicht unversöhnlich gegenüber, Kunst und Leben gelangen zur Synthese.

Zunächst ist die Einwohnerschaft der italienischen Kleinstadt, in der das Geschehen spielt, noch gespalten. Den Anhängern Belottis, der die Fortschrittspartei anführt, stehen die Reaktionären gegenüber mit

Camuzzi und dem fanatischen Priester Don Taddeo an der Spitze. Don Taddeo sucht die Aufführung einer angereisten Künstlertruppe mit allen Mitteln zu verhindern. Die Oper, die allen Intrigen des Geistlichen zum Trotz schließlich doch aufgeführt werden kann, führt bei den Zuhörern zum Erlebnis höheren Menschseins und gegenseitiger Liebe. Aber erst gegen Ende des Romans kommt es zur endgültigen Versöhnung zwischen Don Taddeo, Camuzzi und Belotti.

Nur die das Geschehen überlagernde Liebesgeschichte zwischen dem Tenor Nello Gennari, einem selbstgefälligen Ästheten, und der Nonne Alba Nardini endet tragisch: Alba ersticht ihren Freund, der sie betrogen hat. Der Tod Gennaris ist ein Hinweis auf Manns Absage an die rein künstlerische Lebenshaltung.

»Die Armen« (1917) – »Der Kopf« (1925)

In den beiden Romanen wird »Der Untertan« fortgesetzt. Allerdings erreicht Mann nicht mehr die gleiche gestalterische Kraft. Da die historischen Zusammenhänge in ihrer Komplexität nur mehr unzureichend erfasst werden, entsteht ein doch sehr persönlich gefärbtes Bild der Epoche.

Manns spätere schriftstellerische Arbeit

In dem Maße, in dem die künstlerische Zielsetzung gegenüber der politisch-moralischen zurücktritt, sind es nicht mehr in erster Linie die Romane, durch die Mann von sich reden macht, sondern kleinere Arbeiten, besonders Essays. Während der Zeit zwischen den Kriegen setzt er sich unermüdlich für Demokratie und eine Politik der Aussöhnung mit Frankreich ein. In den Exiljahren richtet sich seine schriftstellerische Tätigkeit vor allem gegen das Naziregime. Daneben bemüht er sich um eine Einigung der Emigranten.

Die letzten Romane Heinrich Manns haben wegen ihrer Phantastik und bizarren Komik nur einen kleinen Leserkreis gefunden.

Der Aufbau des Textes

Diederich auf der Stufenleiter zur Macht

Diederichs gesellschaftlicher Aufstieg

6. Buch

Der alte Buck stirbt (S. 478)
Der alte Buck muss Diederich sein Haus verkaufen (S. 453)
Diederich wird Generaldirektor der Papierfabrik in Gausenfeld (S. 428)

5. Buch

Diederich erhält den »Kronenorden vierter Klasse« (S. 360 f.)
Heirat mit der reichen Guste (S. 355)

4. Buch

Erfolgreicher Auftritt im Prozess gegen Lauer und Lob von Wulckow (S. 229–233)

3. Buch

Übernahme der väterlichen Papierfabrik (S. 105)

2. Buch

Abschluss des Studiums mit Erlangung der Doktorwürde (S. 95)

1. Buch

Studium in Berlin
Schulabschluss mit Abitur (S. 17)
Kindheit

Diederichs »Verschmelzung« mit dem Kaiser

ıhling 1893 ; ıhling 1897	Enthüllung des Kaiserdenkmals und Verleihung des »Wilhelmsordens« (S. 461–475) Zweite persönliche Begegnung mit dem Kaiser in Rom (S. 365)
inter/Früh- g 1893	Auch beim ehelichen Beischlaf sieht Diederich sich als treues Werkzeug des Kaisers.
erbst 1892 : Winter 92/93	Diederich gebraucht Worte, von denen er selbst nicht weiß, ob sie von ihm stammen oder vom Kaiser (S. 246).
erbst 1892: : ersten iden Tage ch der ıckkehr ch Netzig	Diederich befördert den Wachtposten, der den Arbeiter erschossen hat, an Stelle des Kaisers zum Gefreiten (S. 159f.).
ıhling/ mmer 1892	Diederich legt sich einen Kaiserschnurrbart zu (S. 100f.).
itte der 70er-Jahre . Februar 92	Erste persönliche Begegnung Diederichs mit dem Kaiser im Tiergarten in Berlin (S. 63f.)

Die Erzähltechnik

Erzählsituation

Eindeutig überwiegt die **personale Erzählsituation**. Die Person, aus deren Perspektive das Geschehen vor allem gesehen wird, ist Diederich. Nur gelegentlich wird ein **auktorialer Erzähler** vernehmbar, also ein allwissender Erzähler, der kommentierend in die Handlung eingreift. Am häufigsten noch am Anfang des Romans:

» *Denn Diederich war so beschaffen [. . .], daß die Macht, die kalte Macht, an der er selbst, wenn auch nur leidend, teilhatte, sein Stolz war.* (S. 13)

Nicht nur der auktoriale Erzähler ist Manns Sprachrohr. Ständig präsent ist der Autor auch durch das Mittel der **Satire** (s. unten S. 29ff.).

Erzählperspektiven der personalen Erzählsituation

Das Geschehen wird nicht durch distanzierte Beschreibung vorangetrieben, sondern durch die für den modernen Roman typische unmittelbare Präsentation, besonders durch **szenische Darstellung** und **erlebte Rede**.

Szenische Darstellung

Ein häufiges Mittel im Dienst der personalen Erzählsituation ist die **szenische Darstellung**. Der Leser wird gleichsam zum Betrachter eines Schauspiels oder Films, der vor seinem inneren Auge abläuft. Dieser Eindruck wird hervorgerufen durch wenig raffende Erzählweise und eine häufige Verwendung der **direkten Rede**.

Erlebte Rede

Als mindestens ebenso wichtiges Mittel der personalen Erzählsituation ist die **erlebte Rede** zu betrachten. Formal stimmt sie mit dem

Erzählerbericht (epischer Bericht) grundsätzlich überein (3. Person, Vergangenheitstempus). Aber der Erzähler meldet sich in ihr nur scheinbar selbst zu Wort. In Wirklichkeit versetzt er sich in eine Romanfigur hinein, gewährt Einblick in ihr Innenleben. Vor allem am Denken und Fühlen des Helden kann der Leser durch die erlebte Rede unmittelbar teilhaben:

> *Neben ihm auf der Bank hatte ganz deutlich eine Kröte gesessen, halb so groß wie er selbst! Oder an der Mauer dort drüben stak bis zum Bauch in der Erde ein Gnom und schielte her!* (S. 9)

Der Erzähler beschreibt hier ganz offensichtlich keine Tatsachen, sondern subjektive Eindrücke Diederichs. Häufig lässt sich die erlebte Rede, wie im gewählten Beispiel, am Ausrufezeichen auch formal erkennen. Der ironisch-distanzierte Ton, wie er hier zu spüren ist, kann ebenfalls ein Indiz für erlebte Rede sein.

Der Gedankenbericht

Auskunft über das Innenleben des Helden gibt immer wieder auch der Gedankenbericht: ›*Was hab ich mir nur eingebildet*‹, *dachte er.* ›*Eine, die sich in mich verliebt, muß wirklich dumm sein.*‹ (S. 29).

Die Bedeutung der Satire

Die satirischen Mittel (s. unten S. 30ff.) dienen nicht eigentlich der Verzerrung von Wirklichkeit, sondern ihrer »Durchstoßung«. Heinrich Mann drückt das so aus: *Jeder wahrhaft große Roman ist überwirklich.*[1] Die bloß äußere Wirklichkeit wird »durchstoßen« und eine tiefer liegende Realität sichtbar gemacht. Indem Mann seine Figuren vom Zufälligen und Individuellen weitgehend befreit, lenkt er den Blick sozusagen auf die Fratzen der überwirklichen Gewalten, die hinter den Figuren wirksam sind (vgl. unten S. 35).

1 vgl. Emmerich (s. unten S. 62), S. 87.

Die sprachliche Form

Die wichtigsten Mittel der sprachlichen Gestaltung dienen der Satire. Die durchgängige Verwendung dieser Mittel beweist die

Einzelne Stilmittel

- Die Übertreibung ist eines der häufigsten Mittel der Satire.
- Bisweilen verbindet sich die Übertreibung mit einem expressionistisch anmutenden Sprachstil.
- Sehr häufig ist auch die satirische Personenbeschreibung. Diederich betrachtet Guste:
- Dabei werden die beschriebenen Personen nicht selten mit Tieren verglichen, Napoleon z. B. mit einem Affen.
- Satirische Personenbezeichnungen: Mann legt sich hierbei allerdings größte Zurückhaltung auf.
- Die satirische Reihung, in der Unzusammengehöriges zusammengestellt wird, lässt sich wiederholt feststellen.
- Auch die satirische Wiederholung wird gezielt eingesetzt. Was Herr Göppel Diederich vorhält, wird zum Beispiel später gegen Herrn von Brietzen verwendet.
- Satirische Paradoxa
- Satirische Adjektiv-Substantiv-Verbindung

Hintergrund

satirische Ausrichtung des Romans. Zur Definition von Satire siehe unten S. 35.

→ *[...] Diederich hätte lieber nie geboren sein wollen, als von Agnes so traurig prüfend angesehen werden.* (S. 25)

→ *Der stille Platz war hellgolden von schrägen Strahlen, grell und wuchtig im leeren Himmel stand der Palast [...].* (S. 365)

→ *[...] den Hals, der jung und fett war, und in den Halbhandschuhen die Finger, die die Wurst hielten und selbst rosigen Würstchen glichen.* (S. 102f.)

→ *»Sehn Sie mal, Sötbier, die Vorderflossen hängen ihm bis an den Boden. Gleich wird er auf allen vieren laufen und Nüsse fressen. Dem Affen werden wir ein Bein stellen, verlassen Sie sich darauf! [...]«* (S. 114)

→ Heßling (Wird mit »Hass« in Verbindung gebracht)

→ *Nach so vielen furchtbaren Gewalten, denen man unterworfen war, nach den Märchenkröten, dem Vater, dem lieben Gott, dem Burggespenst und der Polizei [...]* (S. 12)

→ *»Das möchten Sie wohl! Die Tochter verführen und den Vater abschießen! [...]«* (S. 98)
»Die Schwester verführen und den Bruder abschießen, das möchten Sie wohl!« (S. 399)

→ *[...] und betete, angstgeschüttelt, zu dem schrecklichen lieben Gott* (S. 10)

→ *[...] unter dem Ansturm treudeutscher Hände, die die seinen schütteln wollten, und nationaler Biergläser [...]* (S. 386)

Hintergrund

- Noch häufiger ist in solchen satirischen Verbindungen das Substantiv ein Abstraktum.

- Auch satirische Verbalverbindungen kommen vor. Z. B. bei der Beschreibung von Diederichs Verhalten gegenüber Agnes bzw. Guste.

- Eine bildhafte Ausdrucksweise dient nicht nur der Veranschaulichung, sondern häufig auch dem Witz.

- Auch der Vergleich macht anschaulich. Hier das Aussehen Diederichs im Kaiserrausch.

Hintergrund

Verschiedene Sprachebenen

- Klischeehaft wirkender nationalistischer Jargon ist kennzeichnend für Diederichs politische Äußerungen. Auch er wird der Lächerlichkeit preisgegeben.

- Hierher gehören auch die zum Teil abgewandelten Zitate aus Reden Wilhelms II. (vgl. S. 637–643 im Anhang)

- Abweichungen von der Hochsprache (Umgangssprache, Dialekt, besonders Sächsisch) dienen weniger einer realistischen Darstellungsweise als ebenfalls der Satire.

Außersprachliche Satire

- Satire ist nicht an die sprachliche Ebene gebunden. Ein Ereignis kann auch an sich schon witzig sein.

- Auch ein Gedanke kann an sich schon witzig sein. Diederich ist von Wagners Oper »Lohengrin« begeistert:

→ *[Wulckow] glotzte Diederich an, aus den Mongolenfalten seiner Augen, die voll einer warmblütigen, schalkhaften Gewaltsamkeit waren [...].* (S. 286)

→ *Diederich [...] unternahm einen Handkuß.* (S. 173)

→ *»[...] Der Geist der Zeit geht hier noch in Filzschuhen über die Straße.«* (S. 317)

→ *Denn er war rot wie eine Tomate, [...] und sein Blick war hell und wild wie der eines germanischen Kriegers der Vorzeit auf einem Eroberungszug durch Welschland.* (S. 368)

→ *»Schimmernde Wehr! Blut und Eisen! Mannhafte Ideale! Starkes Kaisertum!«* (S. 409)

→ *»Jetzt habe ich das Steuer selbst in die Hand genommen. Mein Kurs ist der richtige, ich führe euch herrlichen Tagen entgegen. [...]«* (S. 106)

→ *»Wieviel Pinke hat er denn?«* (S. 293)
»[...] Was entziehst de mir überhaupt mein' Läbensunterhalt! Das ist 'ne ganz gemeine, böswilliche Existenzschädichung, und ich kann dich glatt verklaachen!« (S. 33)

→ *[Diederich] setzte sich mit Wucht in einen Tümpel, die Beine in der Luft, umspritzt von Schmutzwasser.* (S. 64)

→ *Diederich wünschte sich, er hätte zu seiner Rede in der Kanalisationsdebatte eine solche Musik gehabt.* (S. 347)

Die literarische Gattung

Eine Parodie des Bildungsromans?

Nach Jacobs werden der Gattung Bildungsroman *Werke zugerechnet […], in deren Zentrum die Lebensgeschichte eines jungen Protagonisten steht, die durch eine Folge von Irrtümern und Enttäuschungen zu einem Ausgleich mit der Welt führt.*[1]

Goethes »Wilhelm Meisters Lehrjahre« ist das Musterbeispiel eines Bildungsromans. Wilhelm stellt sich mit seinem Wunsch, Schauspieler zu werden, zunächst gegen die Gesellschaft, findet aber schließlich *zu einem Ausgleich mit der Welt.* Anders Diederich. Wegen seiner Ich-Schwäche (s. unten S. 45–48) ist er gar nicht erst in der Lage, eigene Vorstellungen vom Leben zu entwickeln. Seine Persönlichkeit ist den Normen der Gesellschaft, hier vor allem einem erstarkenden Nationalismus, hilflos ausgeliefert. Immer nur vorübergehend wird das gesellschaftliche Machtgefüge in Frage gestellt (s. unten S. 54). Es kommt nicht zu echten Krisen, in denen Diederich seine Stellung zur Gesellschaft hinterfragt. Stattdessen ist eine Entwicklung zu erkennen, die Diederich zum nahtlosen Schulterschluss mit dem herrschenden politischen System bestimmt.

Hintergrund

Diese Entwicklung geht Hand in Hand mit immer größerer Rücksichtslosigkeit und wachsendem Egoismus: Als Diederich sich für die Heimreise von Mahlmann Geld borgen will und von diesem nur verhöhnt wird, zieht er daraus die Lehre: *›Ein ganz gemeiner Hund […]. Aber so muß man sein …‹* (S. 45). Als er später daran zurückdenkt, wie Mahlmann ihm Geld abgenommen hat, stellt er bei sich eine Entwicklung fest: *»[…] ich war noch ein ganz grüner Junge.«* (S. 67, vgl. auch S. 73). Nach der Abweisung von Agnes ist er stolz, *wie gut er nun schon erzogen* ist (S. 100).

1 Jürgen Jacobs und Markus Krause: Der deutsche Bildungsroman. Verlag C. H. Beck, München 1989, S. 37.

Erst aus der Position der Stärke nimmt Diederich menschlichere Züge an: Er verbessert die Lebensbedingungen seiner Arbeiter.

Eine Satire?

Schiller definiert in seinem Aufsatz »Über naive und sentimentalische Dichtung« von 1796:

> *In der Satire wird der Widerspruch der Wirklichkeit mit dem Ideal zum Gegenstand gemacht; die Wirklichkeit als Mangel dem Ideal als der höchsten Realität gegenüber gestellt.*

Im »Untertan« erscheint die gesellschaftliche *Wirklichkeit als Mangel*: Mann zeichnet das Bild einer durch und durch korrupten Gesellschaft. Nur einzelne Personen werden dieser Wirklichkeit als Vertreter des Ideals gegenübergestellt, etwa der alte Buck und Agnes. Der Roman ist also nicht nur aufgrund seiner satirischen Sprache, sondern auch im Sinn Schillers als Satire zu betrachten (vgl. oben S. 29–33).

Dem steht gegenüber, *dass der Autor selbst im Zusammenhang mit dem »Untertan« an keiner Stelle von Satire gesprochen hat und auf ähnliche Einordnungen heftig und enttäuscht reagierte.*[1]

Ein Zeitroman?

Beim »Untertan« handelt es sich vor allem auch um einen im engeren Sinn zeitgeschichtlichen Roman. Eine Reihe historischer Ereignisse hat in das Geschehen Eingang gefunden (s. S. 632–636 im Anhang). Das Denken, Reden und Handeln der Romanfiguren ist in hohem Maße gesellschaftlich bestimmt.

So kann es nicht verwundern, dass auch Mann selbst den Roman als Analyse des öffentlichen Lebens seiner Zeit, als *Kritiken der Zeit,* verstanden wissen will (S. 614). Ursprünglich sollte das Werk den Untertitel erhalten: *Geschichte der öffentlichen Seele unter Wilhelm II.*

1 Peter-Paul Schneider: Nachwort. Zu: Heinrich Mann: Der Untertan (s. oben S. 2), S. 497.

Der Text in seiner Zeit

Die Situation des Schriftstellers um die Jahrhundertwende

In der Zeit von der Klassik (1786–1832) bis zum Naturalismus (1880–1900) erfüllen die Schriftsteller eine wichtige gesellschaftliche Funktion. Sie sind die Wortführer des im Laufe des 18. Jahrhunderts entstandenen Bürgertums, das sich im Gegensatz zu anderen Ständen zunächst vor allem durch gemeinsame geistige Werte (Freiheit, Gleichheit, Brüderlichkeit) verbunden weiß. Im Lauf des 19. Jahrhunderts wird das Bürgertum immer mehr zur Nation schlechthin. In dem Maße allerdings, in dem sich die »Bürger« im Zuge der Industrialisierung den Gesetzen der freien Marktwirtschaft und zugleich den konservativen Vorstellungen des Adels öffnen, gehen die geistigen Werte verloren. Manns »Untertan« ist ein ergreifendes Dokument der Misere, in der sich viele Intellektuelle um die Jahrhundertwende sahen. Die ursprünglichen bürgerlichen Werte finden immer weniger Beachtung und an die Stelle ernst zu nehmender Literatur tritt zusehends die theatralische Show. Damit verliert auch der Schriftsteller selbst als Wortführer der bürgerlichen Ideale mehr und mehr seine Existenzberechtigung.

Heinrich Mann und die Neuromantik

Die Neuromantik der Jahrhundertwende versucht als Gegenbewegung zum Naturalismus die Fixierung auf die bloß äußere Wirklichkeit zu überwinden. Sie ist »idealistisch« ausgerichtet. Von den ihr hierin verwandten Richtungen des Symbolismus und des Impressionismus unterscheidet sie sich durch ihre besondere Betonung des Gefühls sowie durch die stärkere Anknüpfung an die Tradition.

Die Schriftsteller, die der Neuromantik nahe stehen, stellen besonders gern die Polarität von Künstler und Bürger dar, von Kunst und Leben. So Thomas Mann in »Der Tod in Venedig« (1912), Rainer

Maria Rilke in »Aufzeichnungen des Malte Laurids Brigge« (1910) oder Hermann Hesse in »Demian« (1919). Auch im »Untertan« klingt diese Thematik wiederholt an. Besonders Wolfgang Buck ist zwischen Kunst (Schauspielerei) und Leben hin- und hergerissen (s. unten S. 47f.).

Schon 1892 sagt sich Mann vom Naturalismus los. Den haltlosen Pessimismus seiner Jugendzeit hat er nun überwunden und es kommt zur Annäherung an die Neuromantik. Seine Vorbilder werden vor allem der »Kunstmönch« Flaubert und Friedrich Nietzsche, unter dessen Einfluss er dem Ideal der sich schrankenlos auslebenden Persönlichkeit huldigt.

Als Einundzwanzigjähriger sucht Mann neuen Halt zunächst in den Vorstellungen des konservativen Bürgertums. Die Demokratie wird ihm zum Zeichen von Dekadenz, während ihm die Monarchie als die dem deutschen Volk allein angemessene Regierungsform erscheint: ganz wie seinem späteren Helden Diederich. Die konservative Neuromantik prägt Mann allerdings auch dann noch, als er sich 1896 von seiner patriotischen Gesinnung zu distanzieren beginnt.

Heinrich Mann und die politisch-satirische Literatur

Der neuromantische Idealismus hindert Mann nicht daran, bereits 1896 seine erste gesellschaftskritisch-satirische Erzählung zu schreiben. Wenn Mann die zuvor vertretene konservativ-patriotische Gesinnung nun in Frage stellt, dann bedeutet das allerdings nicht, dass er bereits ein demokratisches Weltbild hat. Erst 1903 beginnt er, sich von Nietzsches aristokratischem Denken zu lösen. Zur vollen Anerkennung der Menschenrechte findet Mann in den Jahren 1909/10. Nun erst bekennt er sich ausdrücklich auch zum Prinzip der Gleichheit. Der »Untertan« kann geschrieben werden.

Ein politisch-satirischer Autor, der mit Mann verglichen werden kann, ist Carl Sternheim. In den Komödien der Reihe »Aus dem bürgerlichen Heldenleben«, die gleichzeitig mit dem »Untertan« entstehen, enthüllt auch er die Unmenschlichkeit des kapitalistischen Bürgertums. In den Werken Sternheims ist die Satire allerdings Selbstzweck, während Mann bei der Analyse der Gesellschaft als Organismus machtbesessener Individuen nicht stehen bleibt. Die Hoffnung auf gesellschaftlichen Fortschritt gibt er niemals auf. Ideale wie Geist, Humanität und Liebe werden dem Prinzip der Macht entgegengesetzt.

Heinrich Mann und der Expressionismus

Im Expressionismus (1910–25) erfährt die idealistische Kunstauffassung der Gegenströmungen zum Naturalismus (Neuromantik, Symbolismus, Impressionismus) noch eine Steigerung. An die Stelle der Überhöhung der vordergründigen Wirklichkeit im schöngeistigen Spiel tritt ihre Durchbrechung im ekstatischen Taumel. Heinrich Mann erfüllt nur zum Teil die Forderungen der Theoretiker des expressionistischen Romans (Döblin, Lukács). Er überwindet zwar die bloß realistische Darstellungsweise, indem er seine Figuren typisiert. Ironie und Satire dienen ihm als durchgängige Mittel zur Aufhebung von Individualität. Dafür verzichtet er z. B. auf das expressionistische Mittel der Simultaneität (mehrere parallel verlaufende Handlungsstränge). Grundsätzlich ist festzuhalten, dass Mann als reifer Schriftsteller den Utopismus und Irrationalismus vieler Expressionisten nicht teilt, sondern immer auch die gesellschaftliche Wirklichkeit im Auge hat.

Daten zur Entstehung des Romans

Erste Aufzeichnungen zum Roman entstehen im Jahr 1906, der Stoffkreis des »Untertan« war allerdings bereits 1904 gefunden. Die eigentliche Niederschrift des Romans erfolgt in den Jahren 1912 bis 1914, aber erst im Dezember 1918 kann – nach Aufhebung der Zensur – die reguläre Buchausgabe erscheinen. Sie wird ein großer Erfolg: Innerhalb von sechs Wochen erscheinen sieben Auflagen mit insgesamt 100 000 Exemplaren.

Wort- und Sacherklärungen

Holländer **(S. 13)**	Maschine zum Zerkleinern der Lumpen
Primaner **(S. 16)**	Schüler einer der beiden letzten Klassen des Gymnasiums (Unterprima, Oberprima)
Salamander **(S. 31)**	Trinkzeremonie, bei der die leeren Gläser mit einem Schlag auf den Tisch zurückgestellt werden
Kommersbuch **(S. 32)**	Liedersammlung der Studentenverbindungen
kommentmäßig **(S. 38)**, *Komment* **(S. 44)**	Gesamtheit der Bräuche und Sitten in einer Verbindung, Wissen um das richtige Benehmen in der Gesellschaft
satisfaktionsfähig **(S. 41)**	berechtigt, sich zu duellieren; die unteren sozialen Schichten (Kaufleute, Handwerker, Arbeiter) waren vom Duell ausgeschlossen
skrofulos **(S. 49)**	zu »Skrofulose«, eine tuberkulöse Haut- und Lymphknotenerkrankung
Dogcart **(S. 55)**	offener, zweirädriger Einspänner
Schmisse **(S. 62)**	beim studentischen Fechten entstandene Narben
Popismus/Nepotismus **(S. 109)**	Vergabe von Ämtern an Verwandte; Vetternwirtschaft
Positives Christentum **(S. 133)**	Auffassung, nach der auch die übernatürlichen Begebenheiten der Bibel (z. B. die leibliche Auferstehung Jesu) als historische Tatsachen zu betrachten sind

Hintergrund

***freimaurerisch* (S. 136), *Freimaurerloge* (S. 139)**	Die Freimaurer sind eine quasireligiöse Gemeinschaft, die ihre Mitglieder, aber auch die Menschheit insgesamt, formen will wie der Bildhauer die Statue (daher ihre Bezeichnung). Die Freimaurer vertreten humanistische Werte wie Selbstverwirklichung, Toleranz, Brüderlichkeit und Achtung vor der Menschenwürde.
***Fideikommiß* (S. 273)**	nur als Ganzes vererbliches Vermögen, das nicht verkauft werden darf
***au fait* (S. 287)**	gut informiert, auf dem Laufenden
***fi donc* (S. 295)**	Ausruf der Empörung: »Pfui!«
***Odaliske* (S. 362)**	weiße türkische Haremssklavin
***Quirinal* (S. 365)**	Palast in Rom, diente dem König von Italien als Wohnsitz
***Tschako* (S. 367)**	helmartige Kopfbedeckung
***Estrade* (S. 386)**	Podium, erhöhter Platz
***Treber* (S. 392)**	Rückstände bei der Bierherstellung, als Viehfutter verwendet
***die Internationale* (S. 423)**	Kampflied der weltweiten sozialistischen Arbeiterbewegung
***Konsistorium* (S. 450)**	oberste Verwaltungsbehörde der evangelischen Landeskirche
***Paladin* (S. 455)**	treuer Gefolgsmann

Ausführliche Wort- und Sacherklärungen finden Sie im Reclam-Band von Frederick Betz (s. unten S. 62).

Interpretation

Textanalyse

Die folgende Interpretation bietet nicht nur eine eingehende Analyse des Machtmenschen Diederich. Sie arbeitet vor allem auch die im Text nur vereinzelt anklingenden Vorstellungen von einer humaneren Gesellschaft heraus – Prinzipien der Menschlichkeit, die nichts von ihrer Aktualität verloren haben.

1. Das Prinzip der Macht

1.1 Diederich als Machtmensch

Als Kind von unzähligen Mächten bedroht

Als *weiches Kind* (S. 9) fühlt sich Diederich von den verschiedensten, in konkreten Wesen oder Personen verkörperten Mächten bedroht, z. B. von *Märchenkröten* (S. 12), vom *Burggespenst* (S. 12), vom *Schornsteinfeger* (S. 12) und vom *lieben Gott* (S. 12), vor allem aber vom *Vater* (S. 9). Später sind es Institutionen, die über Diederich Macht ausüben: Die *Schule* (S. 12), die Studentenverbindung (s. S. 31–45) und das Militär (s. S. 48–54). Aber die Macht tritt Diederich immer auch in bestimmten Individuen entgegen: in Jadassohn, im Regierungspräsidenten Wulckow, vor allem aber im Kaiser.

Von der Angst vor den Mächten zu ihrer Verehrung

Diederich hat zunächst vor den Mächten Angst. Aber es bleibt nicht dabei. Der Hass, den Diederich anfangs auf den Vater hat, wird in Liebe verwandelt: *Diederich liebte ihn* (S. 9). Das wird dadurch möglich, dass Diederich das Weltbild seines Vaters und damit auch das der damaligen Zeit einfach übernimmt: Lustverzicht und Gehorsam gegenüber Autoritäten haben in der Wilhelminischen Ära einen hohen Stellenwert. Diese Werte prägen Diederichs Gewissen, sein »Über-Ich«, wie die Psychoanalytiker sagen würden. Schon bald ist er zur bedingungslosen Unterordnung unter die bestehenden Machtinstanzen bereit. Allmählich gelangt Diederich dahin, dass er nicht nur einzelne Personen bzw. Institutionen verehrt, sondern Autorität schlechthin.

Diederich macht sich das Prinzip der Macht, das so genannte »Radfahrerprinzip« ganz zu Eigen: *Wer treten wollte, mußte sich treten lassen, das war das eherne Gesetz der Macht* (S. 400). *[...] jeder muß über sich einen haben, vor dem er Angst hat, und einen unter sich, der vor ihm Angst hat* (S. 382).

Diederich wird selbst Machtträger

In dem Maße, in dem Diederich sich mit der Macht identifiziert und die Machthaber nachahmt, wird er auch selbst zum Machtträger. Der Preis, den er dafür bezahlen muss, ist ein Verzicht auf Selbstverwirklichung. Diederich handelt *im Geiste eines Höheren* (S. 284), zu dessen *Opfer* er wird (S. 236). So wie er sich selbst der Macht des Stärkeren bereitwillig fügt, hält er es auch für sein Recht, den Unterlegenen seine Macht fühlen zu lassen. Der Hass, der sich eigentlich gegen die Mächtigen richten müsste, wird umgelenkt und entlädt sich in einer sadistischen Verhaltensweise gegenüber Schwächeren.

Zu den Schwächeren gehören zunächst die Arbeiter in der Papierfabrik. Diederich droht ihnen, *es dem Vater zu melden, daß sie sich Bier holten* (S. 10), die jüngeren Schwestern müssen *nach seinem Diktat schreiben und künstlich noch mehr Fehler machen, [...] damit er mit roter Tinte wüten und Strafen austeilen* kann (S. 13), ein jüdischer Mitschüler wird gezwungen, vor dem Kreuz niederzuknien (s. S. 15). Anfangs hasst Diederich nur einzelne Arbeiter und einen einzelnen Juden. Später erstreckt sich sein Hass auf alle Sozialdemokraten (s. S. 106f.). Die Juden werden zum *Prinzip des Bösen* (S. 57) schlechthin erhoben.

Diederichs politische Gesinnung

Diederichs politische Überzeugung ist aufs Engste mit seiner blinden Verehrung der Macht verknüpft. Es geht ihm vor allem um eine Stärkung der obersten Macht, die im Kaiser verkörpert ist. Letztlich gibt es für ihn nur zwei Parteien, die Anhänger des Kaisers und seine Gegner (s. S. 145).

Zu Beginn seines Studiums hat Diederich noch *keinerlei* (politische) *Meinung* (S. 18). Aber bald findet er, insbesondere unter dem Einfluss des Assessors von Barnim (s. S. 56–58), zu der für ihn typischen patriotischen und kaisertreuen Gesinnung. Für die *schlappe demokratische Gesinnung* (S. 283) hat er nur Verachtung übrig. Liberale und Sozialdemokraten lehnt er in gleicher Weise ab (s. S. 56). Mit zunehmender Brillanz und Schärfe kommt Diederichs politische Gesinnung vor allem in seinen Reden zum Ausdruck: Man vergleiche die Antrittsrede in der Fabrik (s. S. 106f.), die Gerichtsrede (s. S. 229–231), die Stadtratsrede (s. S. 325f.), die Rede auf der Wahlversammlung (s. S. 384–386) und die Rede auf der Volksversammlung (s. S. 411–415). In seiner Ansprache anlässlich der Enthüllung des Denkmals (s. S. 465–470) schließlich geht Diederich so weit, die Deutschen als das von Gott auserwählte Volk zu bezeichnen (s. S. 467), sie seien *das tüchtigste Volk Europas und der Welt* (S. 466).

Erst auf der Höhe seiner Macht setzt sich Diederich – nun aus einer Position der Stärke heraus – auch für die Belange der Arbeiterklasse ein. So errichtet er Wohnhäuser für die Arbeiter (s. S. 435f.).

1.2 Der Kaiser als höchste Verkörperung der Macht

Im Kaiser verkörpert sich für Diederich die absolute Macht, die nur mehr Gott Rechenschaft schuldig ist (s. S. 468). Dabei bleibt die tatsächliche Bedeutung Wilhelms II. – nur beiläufig erhalten wir einige Informationen über ihn – weitgehend im Dunkeln. Gerade dadurch aber wird es dem Leser erleichtert, den übernatürlichen Schauder ein Stück weit nachzuempfinden, der Diederich angesichts der scheinbar unbegrenzten Machtfülle des Kaisers überkommt.

Das Blitzen der Augen

Indirekt ständig präsent bleibt der Kaiser jedoch durch Diederichs Blitzen der Augen. Gleich bei ihrem ersten Zusammentreffen anlässlich der Februarkrawalle versucht Diederich das Blitzen des Kaisers nachzuahmen (s. S. 62), das von nun an den Roman leitmotivisch durchzieht (s. S. 75; 106; 126 usw.). Diederich erhält durch das Blitzen die Möglichkeit, den Kaiser jederzeit sozusagen in sich hineinzubannen. Erst ganz am Ende des Romans wird das Blitzen mit dem Teufel in Verbindung gebracht (s. S. 478).

1.3 Gefährdungen des Machtprinzips

Das »Es« als Gegenprinzip

Unter »Es« versteht man in der Psychoanalyse die menschliche Triebnatur, die sich der bewussten Kontrolle des Einzelnen entzieht. Weil auch das »Es« immer wieder seine Rechte fordert, ist Diederich nicht nur Machtmensch.

Seinen anfänglichen Hass auf die Träger der Macht kann Diederich nicht vollständig in Liebe verwandeln. Als der Vater die Treppe hinunterfällt, klatscht er in die Hände (s. S. 9): *Denn er spürte, ward irgendwie an den Herrschenden gerüttelt, eine gewisse lasterhafte Befriedigung [. . .]* (S. 16).

Gleich auf den ersten Seiten des Romans wird deutlich, wie sehr Diederich seiner Triebnatur ausgeliefert ist: *Diederich Heßling war ein weiches Kind, das am liebsten träumte [. . .]. Ungern verließ er im Winter die warme Stube* (S. 9). Auch als Erwachsener hat Diederich immer wieder »weiche Phasen«. Zu Beginn seines Studiums in Berlin *weinte er oft vor Heimweh* (S. 17), und auch später weint er immer wieder (s. S. 29; 30; 45 usw.). Im Tierpark ist ihm *bange: vor den Bestien* (S. 27). Der Einfluss, den das »Es« auf Diederich ausübt, äußert sich z. B. auch in seiner Unbeherrschtheit gegenüber Frauen (s. S. 103; 134 u. a.). Zumal in Zeiten des Misserfolgs flüchtet sich Diederich gern in eine gefühlsselige Stimmung (s. S. 185 u. a.).

Die Mutter als Verkörperung des »Es«

Während Diederichs »harte Natur« vom Vater ererbt ist, hat er seinen weichen und sentimentalen Charakter von der Mutter. Frau Heßling wird mit der Wochenarbeit nicht fertig, klatscht mit dem Mädchen und nascht (s. S. 11). Allerdings stellen sich Schuldgefühle bei ihr so rasch ein, dass sie bald nicht einmal mehr wagt sich bei Tisch satt zu essen (s. S. 11). Um ihre Verstöße gegen die Normen ihres Mannes zu verbergen, ist sie gezwungen zu lügen (s. S. 11).

So sehr Diederich die Macht verehrt, so sehr verachtet er seine Triebnatur: *[. . .] er fühlte gar keine Achtung vor seiner Mutter. Ihre Ähnlichkeit mit ihm selbst verbot es ihm* (S. 11).

Diederichs Tendenz zum Masochismus

Die Verachtung der eigenen Triebnatur führt bei Diederich bisweilen zum Selbsthass, zum Masochismus. Körperliche Züchtigung empfindet er dann als angenehm:

> » *Wenn er genascht oder gelogen hatte, drückte er sich so lange schmatzend und scheu wedelnd am Schreibpult umher, bis Herr Heßling etwas merkte und den Stock von der Wand nahm.* (S. 9)

Die masochistischen Anwandlungen reichen bis ins Eheleben hinein:

> » *In einer unerhörten und wahnwitzigen Umkehrung aller Gesetze durfte Guste ihm befehlen: »Du sollst meine herrliche Gestalt anbeten!« – und dann auf den Rücken gelagert, ließ er sich von ihr in den Bauch treten.* (S. 446)

Der Schlüssel zu Diederichs Wesen: Ich-Schwäche

Die Tatsache, dass Diederich zwischen den höheren Gewalten und seinen natürlichen Trieben hin- und hergerissen ist, lässt sich mit einer ausgeprägten Ich-Schwäche erklären. Zwischen »Über-Ich« und »Es« kann Diederich keinen Ausgleich finden, da sein Ich, also seine Persönlichkeit, sehr schwach ist. Diederich bildet kein eigenes Gewissen aus, sondern verlegt es in die fremde Autorität, der er blinden Gehorsam leistet (Externalisierung des Gewissens).[1]

Für Diederichs Charakterdeformierung macht Heinrich Mann letztlich die Gesellschaft verantwortlich:

> *Durchweg sind meine Romane soziologisch. Den menschlichen Verhältnissen, die sie darstellen, liegen überall zu Grunde die Machtverhältnisse der Gesellschaft.* (S. 614, im Anhang zum Roman)

Diederichs Ich-Schwäche in seiner Beziehung zu Agnes

Diederichs Ich-Schwäche, sein Unvermögen, zwischen »Über-Ich« und »Es« einen Ausgleich zu finden, macht sich auch in seiner Unfähigkeit zu echten menschlichen Beziehungen bemerkbar. Das Verhältnis zu Agnes wird von Gefühlsschwankungen bestimmt: Mal glaubt Diederich, Agnes zu lieben, dann verachtet er sie wieder (s. S. 69). Schließlich trägt das »Über-Ich« den Sieg davon: Die Karriere geht vor (s. S. 78), Agnes muss gehen.

Wolfgang Bucks Ich-Schwäche

Diederich kaschiert seinen Mangel an Persönlichkeit dadurch, dass er die Wertvorstellungen seiner Umgebung kritiklos übernimmt. Buck

---

1 Zum sozialpsychologischen Deutungsansatz siehe besonders: Theodor W. Adorno: Studien zum autoritären Charakter. Frankfurt/M. 1976, S. 322–327; Jochen Vogt: Diederich Heßlings autoritärer Charakter. In: Heinz Ludwig Arnold (Hrsg.): Text und Kritik. Heinrich Mann. München 1986, S. 70–81.

hingegen, der alles hinterfragt, fällt es schwer, auch nur seinen eigenen politischen Standort zu bestimmen: *»Manchmal möchte ich nämlich General werden und manchmal Arbeiterführer. [...]«* (S. 80). Aber auch er ist letztlich nicht bereit, sich mit der Leere in seinem Innern zu konfrontieren. Der Hoffnung auf objektiven gesellschaftlichen Fortschritt beraubt, nimmt er Zuflucht zum subjektiven Gefühl:

» *Worauf es für jeden persönlich ankommt, ist nicht, daß wir in der Welt wirklich viel verändern, sondern daß wir uns ein Lebensgefühl schaffen, als täten wir es.* (S. 205)

Im Umgang mit Guste, seiner Verlobten, zeigt sich Bucks Prinzipienlosigkeit in besonders abstoßender Weise. Da er in Berlin eine zweite Verbindung unterhält, soll Diederich sich um Guste kümmern (s. S. 208f.). Sogar die Entlobung Bucks muss Diederich ihr mitteilen (s. S. 342).

»Schauspielerei« als Folge der Ich-Schwäche: Das Schauspielermotiv

Wenn Wolfgang Buck den Schauspieler als den *repräsentativen Typus* seiner Zeit bezeichnet (S. 206), ist er sicher auch Sprachrohr Heinrich Manns. Sowohl bei Diederich als auch bei Wolfgang ist die Tendenz zum Schauspielern auf Ich-Schwäche zurückzuführen. Der Mangel an eigener Persönlichkeit zwingt beide dazu, in fremde Rollen zu schlüpfen.

Diederich und das Schauspielermotiv

Diederich schauspielert nicht nur selbst, ohne es zu merken, er kann sich auch für Theateraufführungen begeistern. Dabei fasst er das Geschehen auf der Bühne als unmittelbare Realität auf, aus der er lernen kann. Als in Frau von Wulckows »Die heimliche Gräfin« ein Bruder seine Schwester enterbt, ist Diederich *hocherfreut* (S. 274). Er glaubt nun auch Magda bei ihrer Verheiratung nicht am Geschäft beteiligen zu müssen (s. S. 274). Bei Wagners »Lohengrin« hätte Diederich *mitspielen mögen* (S. 348). Er ist davon überzeugt, dass die Oper zur nationalen Gesinnung erziehe und versichert doppeldeutig: *»Das Theater ist auch eine meiner Waffen.«* (S. 354).

Wolfgang Buck und das Schauspielermotiv

Während Diederich selbst nicht merkt, dass er schauspielert, lebt Buck sein Leben bewusst als Akteur, was ihn zeitweilig sogar an die Bühne bringt (s. S. 340). Er versichert: *»Es wird dort weniger Komödie gespielt, wissen Sie, man ist ehrlicher bei der Sache«* (S. 340). Als er allerdings merkt, dass die Betroffenheit, die er als Schauspieler auszulösen vermag, die Zuschauer nicht wirklich zu besseren Menschen macht, verlässt er die Bühne wieder (s. S. 452; 455).

Aber nicht nur im Theater fühlt sich Wolfgang Buck als Schauspieler, sondern auch vor Gericht. Vor seinem Auftritt im Prozess Lauer entschuldigt er sich bei Diederich: *»[...] Sie werden mir hoffentlich nichts übelnehmen, es gehört zu meiner Wirkung.«* (S. 208). Nach seinem Plädoyer beglückwünschen ihn die Schauspieler des Stadttheaters (s. S. 241). Auch Diederichs Auftritt vor Gericht betrachtet er als Theater: *»[...] Ihre Rolle vor Gericht hat mich mehr interessiert als meine eigene. Später, zu Hause vor meinem Spiegel, habe ich sie Ihnen nachgespielt.«* (S. 313).

Das Schauspielermotiv als Leitmotiv

Nicht nur Diederich und Wolfgang schauspielern. Auch der Kaiser hat das Auftreten eines Komödianten. Bereits bei den Februarunruhen kommentiert *ein junger Mensch mit einem Künstlerhut* den Auftritt des Kaisers mit den Worten: *»Theater, und nicht mal gut.«* (S. 62). Während seines Plädoyers für Lauer nennt Buck den Kaiser *einen großen Künstler* (S. 238).

Aber nicht nur einzelne Romanfiguren werden mit Schauspielern verglichen. Da es für Buck *in Wirklichkeit und im Gesetz weder den*

Herrn noch den Untertan gibt, erhält das öffentliche Leben in seinen Augen insgesamt *einen Anstrich schlechten Komödiantentums* (S. 238). Gegen Ende des Romans stellt Wolfgang Buck mit Blick auf das Denkmal noch einmal fest: *»[...] was von allem der Endzweck war. Theater, und kein gutes.«* (S. 455).

1.4 Macht und Rausch

Das Gefühl, das Diederich in Gegenwart der Macht überkommt, steigert sich immer wieder zum Rauscherlebnis. Das erste Mal stellt sich ein solches Rauscherlebnis ein, als er den Juden vor dem Kreuz in die Knie zwingt (s. S. 15). Dem Kaiser Auge in Auge gegenüber taumelt Diederich in einen Rausch:

> *Ein Rausch, höher und herrlicher als der, den das Bier vermittelt [...]. Die Macht, die über uns hingeht und deren Hufe wir küssen! Die über Hunger, Trotz und Hohn hingeht! Gegen die wir nichts können, weil wir alle sie lieben! Die wir im Blut haben, weil wir die Unterwerfung darin haben! Ein Atom sind wir von ihr, ein verschwindendes Molekül von etwas, das sie ausgespuckt hat! Jeder einzelne ein Nichts [...]!* (S. 63f.)

1.5 Macht und Religion

Religion dient nach Heinrich Manns Verständnis vor allem der Ausübung und Stabilisierung der Macht. Das religiöse Gefühl ist für ihn nichts weiter als eine Art Rausch.

Religion im Dienste der Macht

Gleich in zweifacher Weise dient Diederich die Religion als Machtinstrument: Einerseits übt er unter dem Deckmantel christlicher Gesinnung auf seine Arbeiter unmittelbar Druck aus, um sie sich gefügig zu machen. So schreibt er ihnen zum Beispiel den Kirchenbesuch vor (s. S. 433). Er plant sogar *die Gründung eines christlichen*

Arbeitervereins. [...] »Wer von meinen Leuten nicht rein will, fliegt!« (S. 138). Ein unverheiratetes Paar wird *feierlich entlassen* (S. 434).

Andererseits sucht Diederich seinen persönlichen Erfolg, der ihm einen steten Machtzuwachs beschert, dadurch zu legitimieren, dass er ihn auf Gottes Wirken zurückführt. Nach dem günstigen Verlauf des Prozesses gegen Lauer bemerkt er: *»Welch eine Wendung durch Gottes Fügung!«* (S. 234). Da Bemerkungen dieser Art relativ häufig und eher spontan auftreten (s. S. 105; 181; 395; 405; 469), können wir allerdings nicht davon ausgehen, dass sie Teil einer bewussten Machtstrategie sind.

Nicht so zahlreich sind die Beispiele offensichtlich geheuchelter Religiosität und Moral, die ein Schlaglicht auf die Doppelmoral der damaligen Zeit werfen. So behauptet Diederich gegenüber Göppel: *»[...] Mein moralisches Empfinden verbietet mir, ein Mädchen zu heiraten, das mir ihre Reinheit nicht mit in die Ehe bringt.«* (S. 99). Wo er es doch selbst war, der mit Agnes geschlafen hat.

Im Rausch religiöser Gefühle

Während Heinrich Mann an der Religion als Mittel zur Machterhaltung ernst zu nehmende Kritik übt, macht er sich über religiöses Empfinden einfach lustig. Aus seiner Sicht dient Frau Heßlings Gebet allein einer rauschhaften Gefühlsseligkeit, er kann sich nicht vorstellen, dass ihre Art von Frömmigkeit einem echten inneren Bedürfnis entspringt: *Sie betete mit dem Kind »aus dem Herzen«, nicht nach Formeln, und bekam dabei gerötete Wangenknochen* (S. 11; s. S. 90; 162). Die Stellen, an denen der Autor sein Unverständnis für religiöse Gefühle dadurch zum Ausdruck bringt, dass er sie in einen satirischen Kontext stellt, sind zahlreich (s. S. 133; 137; 442 u. a.).

Nur selten ist von einem religiösen Gefühl tieferer Art die Rede, das nicht ins Lächerliche gezogen wird. Selbst Diederich kann von ihm ergriffen werden. Im Anblick der verstoßenen Emmi etwa fühlt er sich so sehr in Todesnähe gerückt, dass ihn eine Ahnung von der Vergänglichkeit alles Irdischen überkommt:

> *Denn Emmi war durch ihr Unglück feiner und gewissermaßen ungreifbarer geworden. Wenn ihre Hand so bleich und abwesend dalag und Emmi stumm in sich versenkt war wie in einen unbekannten Abgrund, fühlte Diederich sich berührt von der Ahnung einer tieferen Welt.* (S. 401; vgl. auch S. 453)

2. Das Prinzip des Geistes

Das Gegenprinzip zur Macht ist der Geist. Während die Macht berauscht, ist der Geist nüchtern. Während die Macht knechtet, macht der Geist frei. Während die Mächtigen ihr wahres Wesen durch theatralisches Gehabe zu kaschieren suchen, strebt der Träger des Geistes nach Wahrhaftigkeit und echter Kunst.

Welch hohen Stellenwert der abstrakte Begriff des Geistes für Heinrich Mann hat, geht etwa aus dem Essay »Geist und Tat« von 1910 hervor: *Denn der Typus des geistigen Menschen muß der herrschende werden in einem Volk, das jetzt noch empor will* (S. 492 im Anhang).

2.1 Diederichs Verhältnis zu Geist und echter Kunst

Da Diederich das Machtprinzip vertritt, muss ihm alles fremd bleiben, was mit Geist zu tun hat. In der Schule tut er sich mit dem deutschen Aufsatz schwer (s. S. 17), während ihm Wolfgang Bucks Aufsätze, die *zu geistreich waren* (S. 82; vgl. auch S. 117), Misstrauen einflößen. Als Student verkauft Diederich – um sein Desinteresse an den *idealen Werten des Lebens* zu unterstreichen – »seinen« Schiller (S. 86). Die Auslage eines Wurstgeschäfts ist ihm *der schönste Kunstgenuss* (S. 86). Am meisten schätzt Diederich diejenigen Künste, die das Gefühl unmittelbar ansprechen und von ihm keine geistige Anstrengung fordern: An erster Stelle steht für ihn die Musik, dann kommt das Drama und an dritter Stelle die Porträtmalerei. Den Roman will er als deutsche Kunst nicht gelten lassen (s. S. 354).

Von Anfang an tritt der (echte) Künstler als Diederichs Gegenspieler auf. Im ersten Buch macht sich ein *junger Mensch mit einem Künstlerhut* (S. 62) über den Auftritt des Kaisers bei den Februarunruhen lustig. Der Mann, den Diederich im sechsten Buch auf seiner Romreise hinter einer Säule hervorzerrt, ist ebenfalls *bezeichnenderweise Künstler* (S. 369).

Trotzdem übt der Geist immer wieder eine gewisse Anziehungskraft auf Diederich aus. *[...] ein logisch nicht begründeter, aber tiefsitzender Drang* führt ihn wiederholt zu Wolfgang Buck (S. 452). Auch von der Wahrhaftigkeit und dem Idealismus des alten Buck ist er bis zuletzt angetan (s. S. 453).

2.2 Der alte Buck als Vertreter des Geistes

Der alte Buck vertritt das Prinzip des Geistes. Mit Blick auf das Revolutionsjahr 1848 betrachtet er sich als Menschen, *der selbst am Ideal schuf* (S. 119). Der *sklavische Materialismus* bleibt sein Feind (S. 410). Im Gegensatz zu seinem Sohn verliert er seinen Optimismus zu keiner Zeit. Fest glaubt er daran, dass sich das Prinzip des Geistes einmal durchsetzen wird (s. S. 456). *[...] voll der Hoffnung* blickt er in die *zukunftsträchtigen Gesichter* junger Individualisten (S. 432).

2.3 Der alte Buck als Diederichs Gegenspieler

Abgesehen von Agnes und einigen Nebenfiguren gehört die Sympathie des Autors vor allem dem alten Buck. Als Vertreter des Geistes ist der alte Buck durchweg Diederichs Gegenspieler. Ihre Lebenswege verlaufen in entgegengesetzter Richtung.

Als Kind erlebt Diederich den alten Buck noch als *achtunggebietende Persönlichkeit* (S. 14), die *ungeheuer reich und mächtig* ist (S. 15). Auch als Diederich die väterliche Fabrik übernimmt, bescheinigt er seinem Rivalen noch: *»Und dann sind Sie immer noch der mächtigste Mann in der Stadt. [...]«* (S. 119). Im Lauf des Romans allerdings wird die Position des alten Buck immer weiter geschwächt. Die Verurteilung des liberalen Kampfgenossen Lauer (s. S. 242) trifft ihn empfindlich. Die Wahlschlappe der Freisinnigen (s. S. 418) und der unglückliche Verlauf des Prozesses gegen die »Volksstimme« (s. S. 429) tun ein Übriges. Schließlich verschlechtert sich Bucks finanzielle Situation so sehr, dass er Diederich sein Haus samt Einrichtung verkaufen muss (s. S. 453). Bucks allzu rückwärts gewandte Orientierung führt zu mangelnder Dynamik, der nationalen Bewegung vermag er nicht wirklich angemessen entgegenzutreten.

3. Das Prinzip der Demokratie

3.1 Wolfgang Buck ein Demokrat?

So wie Heinrich Mann sich lange Zeit weigert, neben den anderen Menschenrechten (Freiheit und Gerechtigkeit) auch das demokratische Prinzip der Gleichheit anzuerkennen (s. oben S. 37), hat auch Wolfgang Buck mit der Demokratie seine Schwierigkeiten. Mit der Verurteilung einer Klavierlehrerin, die sich über ein vom Kaiser komponiertes Lied abfällig äußert, ist er scheinbar einverstanden: *»Einen Freispruch hätte das Volk nicht verstanden«* (S. 451).

Erst gegen Ende des Romans (s. S. 454–456) streift Wolfgang Buck die Maske der Ironie ab, hinter der er sein wahres Ich sonst meist verbirgt. Im menschlich bewegenden Gespräch mit seinem Vater – ein »heimlicher« Höhepunkt des ganzen Romans – tritt seine zutiefst demokratische Gesinnung nun offen zu Tage.

3.2 Der alte Buck als Vorkämpfer der Demokratie

Wolfgangs Vater hingegen kämpft sein Leben lang für Gerechtigkeit und Demokratie, ohne daraus einen Hehl zu machen:

> *»Mein Leben gehört seit mehr als fünfzig Jahren nicht mir, es gehört einem Gedanken, den zu meiner Zeit mehrere hatten, der Gerechtigkeit und dem Wohl aller. [. . .]«* (S. 427)

Den *Glauben an die ewige Gerechtigkeit des Volkes* (S. 430) kann ihm niemand nehmen. Immer wieder tritt er als Anwalt bürgerlicher und persönlicher Freiheit auf (s. S. 18; 115; 118). Die Versäumnisse des Bürgertums gegenüber dem Proletariat gesteht er ein:

> *»[. . .] Daß wir den Arbeitern niemals ihr Recht geben wollten, das hat den Herren die Macht verschafft, auch uns das unsere zu nehmen.«* (S. 408)

Anders als viele Bürgerliche seiner Zeit schlägt er sich nicht auf die Seite des Adels. Vor Wulckow, der als Angehöriger des Adels zugleich die kaiserliche Macht vertritt, warnt er ausdrücklich (s. S. 120).

Selbst auf dem Sterbebett hat der alte Buck seinen Glauben ans Volk nicht verloren: Er hebt mit letzter Kraft die Arme, um ein *ganzes Volk* zu empfangen (S. 476).

4. Selbstlose Liebe: der wahre Sinn des Lebens

Nur an wenigen Stellen kommen Diederich Zweifel, ob man sich auf die Macht und die Mächtigen uneingeschränkt verlassen kann. Wulckows zynische Behandlung etwa löst einen solchen Zweifel aus:

> *[. . .] in einem Anfall stummer Raserei sah er alles niedergeworfen, zerstoben: die Herren des Staates, Heer, Beamtentum, alle Machtverbände und sie selbst, die Macht! Die Macht, die über uns hingeht und deren Hufe wir küssen!* (S. 331)

Diederich wird die meiste Zeit vom »Über-Ich« so sehr beherrscht, dass sein eigentliches Wesen, das »Ich«, dahinter fast ganz verschwindet. Solange ihm keine Hindernisse in den Weg gelegt werden, die den weiteren Aufstieg zur Macht gefährden, gibt es für Diederich keinen Grund, sein rücksichtsloses Machtstreben in Frage zu stellen.

Schwierigkeiten allerdings können Diederich zum Nachdenken bringen. In Augenblicken, in denen er gezwungen wird, sich zu besinnen, findet er sogar zu menschlichem Mitgefühl. Etwa als Herr von Brietzen Emmi sitzen lässt: *Er begriff, daß sie staunte, weil er vieles, das sie allein getragen hatte, ihr abnahm, indem er es aussprach* (S. 396).

Solange Diederich Agnes mit den Augen des Machtmenschen betrachtet, wird sie durch die Liebe, die sie ihm entgegenbringt, nur unattraktiv (s. S. 69). Sobald Diederich aber bereit ist, sich der Liebe, die sie ihm anbietet, hinzugeben, werden ihm die Augen geöffnet für den wahren Sinn des Lebens. Die Macht des Kaisers wird plötzlich bedeutungslos:

» *Er fühlte sich verwandelt, leicht, wie vom Boden gehoben. ›Ich bin ganz furchtbar glücklich‹, dachte er, und: ›So schön kommt es im ganzen Leben nicht wieder!‹ Er hatte die Gewißheit, daß er bis jetzt, bis zu dieser Minute, alle Dinge falsch angesehen, falsch bewertet hatte. [. . .] War er selbst es, der jemand um einiger Worte willen geschlagen hatte, geprahlt, gelogen, sich töricht abgearbeitet und endlich, zerrissen und sinnlos, sich in den Schmutz geworfen hatte vor einem Herrn zu Pferd, dem Kaiser, der ihn auslachte? Er erkannte, daß er, bis Agnes kam, ein hilfloses, bedeutungsloses und armes Leben geführt habe.* (S. 71 f.)

Als Emmi verstoßen wird, muss Diederich noch einmal an Agnes denken, erneut verblasst sein Leben vor ihrer Liebe:

» *Agnes, die Weichheit und Liebe in ihm gepflegt hatte, sie war in seinem Leben das Wahre gewesen, er hätte es festhalten sollen! [. . .] Agnes, die nichts vermochte als leiden, es beschlich ihn, als ob sie gesiegt habe.* (S. 402)

Aufgaben mit Lösungstipps

Auf den folgenden Seiten finden Sie Antworten auf Fragen, wie sie auch in schriftlichen Arbeiten vorkommen können. Im Mittelpunkt stehen die Figuren des Romans.

? Aufgabe 1

Charakterisieren Sie kurz die männlichen Nebenfiguren. Berücksichtigen Sie dabei insbesondere die gesellschaftliche Stellung und die politische Gesinnung.

! Lösungstipp

Vertreter des Adels

Von Wulckow (Regierungspräsident): in der Verwaltung tätig, nationale Gesinnung, der mächtigste Mann neben dem Kaiser, Diederich verdankt vor allem ihm seinen Aufstieg; wird als Karikatur dargestellt (s. besonders S. 329–339).

Vertreter des Bürgertums

Göppel (Fabrikant): Agnes' Vater, Vertreter des Unternehmertums, in wirtschaftlichen Schwierigkeiten; liberal, menschlich (s. besonders S. 17–23; 95–99)

Jadassohn (Assessor der Staatsanwaltschaft, später Staatsanwalt); Vertreter der Justiz; nationale Gesinnung, aber jüdisches Aussehen; verhilft Diederich zum Aufstieg, indem er ihn im Prozess gegen Lauer als Hauptbelastungszeugen einsetzt (s. besonders S. 122–124; 130; 441; 149; 167–171; 217–226).

Scheffelweis (Bürgermeister): in der Verwaltung tätig; schwankt zwischen liberaler und nationaler Gesinnung, stark opportunistisch (s. besonders S. 121–129; 228f.)

Zillich (Pastor): Vertreter der Kirche, national (s. besonders S. 130–136; 183; 217)

Heuteufel (Arzt): Zillichs Schwager, Vertreter der Intelligenz; links-liberale Ausrichtung, lässt sich aber schließlich wie seine Gesinnungsgenossen vom nationalen Gedanken beflügeln, Freimaurer (s. besonders S. 133; 164–167; 225–227; 447)

Kühnchen (Lehrer): Vertreter der Intelligenz; fanatisch-nationale Ausrichtung, wird als Karikatur dargestellt, sächselt (s. besonders S. 151–153; 218f.)

Lauer (Fabrikbesitzer): Vertreter des Unternehmertums, links-liberale Gesinnung (beteiligt seine Arbeiter am Gewinn), allerdings auch antisemitisch, Freimaurer (s. besonders S. 125; 146f.)

Cohn (Warenhausbesitzer): jüdischer Vertreter des Unternehmertums, links-liberale Gesinnung, Freimaurer, in Verhandlungen ungeschickt (s. besonders S. 137; 145; 224f.)

Kunze (Major a. D.): Vertreter des Militärs, schwankt zwischen liberaler und nationaler Gesinnung (s. besonders S. 148–151; 219f; 374–383)

Fritzsche (Landgerichtsrat): Vertreter der Verwaltung, schwankt zwischen liberaler und nationaler Gesinnung, Freimaurer (s. besonders S. 137; 144; 221f.; 243)

Nothgroschen (Redakteur): Vertreter der Intelligenz (s. besonders S. 153–160; 170)

Kienast (Prokurist): Vertreter des Unternehmertums, heiratet Diederichs Schwester Magda (s. besonders S. 190–202; 436f.)

Klüsing (Fabrikbesitzer): Vertreter des Unternehmertums, liberale Gesinnung, muss seine Firma schließlich Diederich überlassen (s. besonders S. 405f.)

Vertreter der Arbeiterschaft

Fischer (Maschinenmeister): sozialdemokratischer Arbeiterführer, berechnend, korrupt (s. besonders S. 111–114; 163; 187f.; 202; 266–269; 321–324)

Kommilitonen

Mahlmann (Ingenieurstudium, später Unternehmer): bemüht sich zeitweise um Agnes (s. besonders S. 18–29; 43–45)

Gottlieb Hornung (Schulkamerad Diederichs, später Apotheker): Korpsbruder, mischt in der Politik mit, wird wegen obszöner Briefe ins Sanatorium eingeliefert (s. besonders S. 30–41; 372f.; 382f.; 440f.)

Delitzsch (Student): Korpsbruder, sächselt, stirbt – dem Alkohol völlig verfallen – an Herzversagen (s. S. 32f.; 38)

Wiebel (Student): Korpsbruder, Diederich ist sein »Leibfuchs« (s. S. 35–38)

? Aufgabe 2

Charakterisieren Sie kurz Guste und Käthchen.
Gehen Sie dabei auch auf die Rolle der Frau zur damaligen Zeit ein.

! Lösungstipp

Äußerlich sehen sich Guste und Käthchen sehr ähnlich: Beide sind *weißblond*, haben *dicke Gesichter* und eine *kleine, frech eingedrückte Nase* (s. S. 135; 307; 102f.); Guste ist allerdings um die Taille herum noch etwas rundlicher. Während aber Guste in die bürgerliche Ordnung eingebunden ist, stellt sich Käthchen als Prostituierte gegen die Normen der Gesellschaft. Als *entfesselte[s] Weib* (S. 260) erregt sie Diederichs sexuelles Verlangen in besonderer Weise. Insofern sie über ihren Umgang mit Männern selbst entscheidet und für ihre Dienste entlohnt wird, ist sie die »Emanzipierte« von den beiden.

Frauen haben im Allgemeinen weder Ausbildung noch Beruf. Sie treten kaum als selbstständige Personen in Erscheinung, sondern fast ausschließlich in ihrer Beziehung zu Männern. Als Ehefrauen sind sie für die Hausarbeit und *der Kinder wegen da* (S. 442). Guste soll sich *an die drei großen G* halten: *»Gott, Gafee und Gören«* (S. 442). Im Zweifelsfall ist das Leben des Mannes mehr wert als das der Frau: *[...] vor die Wahl gestellt*, ob sein Sohn Horst oder Guste am Leben bleiben soll, hätte sich Diederich für Horst entschieden (s. S. 442).

Da nur reiche Frauen in der Lage sind, ihren Männern zu wirtschaftlichem und damit auch gesellschaftlichem Aufstieg zu verhelfen, ist Guste eine besonders begehrte Heiratskandidatin. Umgekehrt ist Diederich heilfroh, als in einer ihn beunruhigenden finanziellen Situation die Verlobung seiner Schwester Magda mit dem wohlhabenden Prokuristen Kienast zu Stande kommt.

Adelige Damen wie Frau von Wulckow können sich kulturellen Aufgaben widmen, da sie nicht im Berufsleben stehen, aber auch nicht mit häuslichen Arbeiten belastet werden.

? Aufgabe 3

K. Strecker urteilt 1919 über »Professor Unrat« und den »Untertan«:

> *Beide sind vom Hass diktiert, sie triefen von Geifer, sie schwitzen Gift [...]. Er glaubt vielleicht, Satire zu geben, aber ihm fehlt die innere Größe dazu, er bringt es nur bis zur Schmähschrift, dem Pamphlet.*[1]

Versuchen Sie, diese Behauptung zu widerlegen. Berücksichtigen Sie dabei auch die S. 529f. und 612 im Anhang Ihrer Textausgabe[2].

1 zit. nach Betz (s. unten S. 62), S. 128. **2** Studienausgabe, s. oben S. 2

! Lösungstipp

Mögliche Gegenargumente

- Es gibt auch positive Figuren, die von der satirischen Darstellung weitgehend ausgenommen sind, z. B. Göppels, besonders aber der alte Buck.
- Andere Romane, etwa »Die kleine Stadt« (s. oben S. 24), beweisen, dass Mann auch einen ganzen Roman versöhnlicher schreiben kann.
- Mann sagt selbst, dass er eigentlich *generöse, helle und menschenliebende Menschen* (S. 529 im Anhang) auftreten lassen will. Es gelingt ihm im »Untertan« aber nur ansatzweise, weil er die Lieblosigkeit der Menschen *erst von der Seele haben* will (S. 530 im Anhang).
- Ursache für Manns satirische Darstellung muss nicht Hass sein. Die Satire kann auch gedeutet werden als Aufschrei einer sensiblen Seele, die über die gesellschaftlichen Zustände ehrlich entrüstet ist.
- Heinrich Mann selbst versteht sich nicht als Satiriker (s. oben S. 35), sondern als Analytiker der Macht (s. S. 612 im Anhang).
- Da in der Regel fiktive Personen kritisiert werden, handelt es sich bei dem Roman nicht um ein Pamphlet, eine politische Schmähschrift im engeren Sinn. Der Kaiser als historische Gestalt bleibt von satirischer Darstellung weitgehend verschont. Mann geht es letztlich um die hinter den äußeren Erscheinungen verborgene höhere Wirklichkeit (s. oben S. 30).
- Das Kaiserreich war in der Tat nicht wirklich ein Rechtsstaat, sondern ein *Staat illiberaler [...] Klassenjustiz*[1]. Die Darstellung des Prozesses gegen Lauer unterliegt zwar der Satire, darf aber doch nicht als in ihrem Kern unhistorisch bewertet werden.

1 vgl. Emmerich (s. unten S. 62), S. 19.

? Aufgabe 4

Nehmen Sie zu der Behauptung Stellung, Diederich sei Faschist.

! Lösungstipp

Diederich ist allenfalls potenzieller Faschist. Seine autoritäre Persönlichkeit, für die bereits im Elternhaus der Grundstock gelegt wird und die sich durch Schule, Studentenverbindung und Militär weiter festigt, hätte aus Diederich einen Faschisten machen können. Voraussetzung dafür wäre ein Gewalt förderndes und technisch entsprechend ausgerüstetes Umfeld gewesen. Da Diederich noch keinen Krieg kennen gelernt hat, darf seine tatsächliche Gewaltbereitschaft nicht allzu hoch eingeschätzt werden. Beim studentischen Fechten mit den Korpsbrüdern der Neuteutonia und später beim Militär gibt er ein wenig rühmliches Bild ab.

Vorläufig macht sich Diederichs rassistische und faschistoide Einstellung vor allem in rhetorischer Schaumschlägerei Luft. Die Rasse sei unter allen Umständen rein zu halten: *Blödsinnige und Sittlichkeitsverbrecher waren durch einen chirurgischen Eingriff an der Fortpflanzung zu verhindern* (S. 385). Diederich beschwört die Überlegenheit des deutschen Volkes:

> *»[...] so sind wir die Elite unter den Nationen und bezeichnen eine zum ersten Male erreichte Höhe germanischer Herrenkultur, die bestimmt niemals und von niemandem, er sei wer er sei, wird überboten werden können!«* (S. 467)

Lese- und Filmtipps

Weiterführende Literatur

Betz, Frederick: Heinrich Mann: Der Untertan. Erläuterungen und Dokumente. Stuttgart (Reclam) bibliograf. erg. Aufl. 2003 • Ausführliche Wort- und Sacherklärungen, Dokumente zu Entstehung und Wirkung sowie weiterführende Literaturhinweise

Emmerich, Wolfgang: Heinrich Mann: Der Untertan. München (UTB) 1980, 2. Aufl. 1993 • Eingehende Behandlung des Romans: historischer Hintergrund, Textgeschichte, Interpretation, Kapitelschlüsse, Äußerungen des Autors, Rezeptionsgeschichte

Hummelt-Wittke, Monika: Heinrich Mann: Der Untertan. München (Oldenbourg) 1987, 3. überarb. Aufl. 1998 • Ausführliche Interpretation, die sich zwar an Lehrer wendet, aber auch für interessierte Schüler empfehlenswert ist

Schröter, Klaus: Heinrich Mann. Reinbek bei Hamburg (Rowohlt Taschenbuch Verlag) 1967, 20. Aufl. 2002 • Reich illustrierte Biografie

Verfilmung

Die wohl beste Verfilmung ist die des Regisseurs **Wolfgang Staudte** von 1951. Nachdem Staudte von der DDR in die Bundesrepublik übergesiedelt war, konnte der Film 1957 auch im Westen uraufgeführt werden. Staudte konzentriert sich vor allem auf das satirische Element des Romans. Hierbei leistet die Kameraführung einen wichtigen Beitrag. Diederichs fetter Nacken oder Gustes rundliche Formen erscheinen in Großaufnahme. Hochgestellte Personen sieht der Zuschauer aus der Froschperspektive, geringe Personen aus der Vogelperspektive. Den Eindruck, sich eng an den Roman anzuschließen, erweckt Staudte durch einen aus dem Off sprechenden Erzähler. (Der Film ist auf DVD erhältlich.)

Stichwortverzeichnis

Antisemitismus 8
Aufbau (Schaubild) 26f.
auktorialer Erzähler 28
Bildungsroman 34
Bürgertum 36f.
Charaktere 56f.
Demokratie 4, 37, 53f.
epischer Bericht 28
erlebte Rede 28f.
Erzählsituation 28f.
»Es« 44f.
Expressionismus 38
Faschismus 61
Februarkrawalle 8
Gedankenbericht 29
Geistprinzip 51f.
Gesamtwerk 24f.
Gleichheit 53f.
Ich-Schwäche 45f., 54
Jahrhundertwende 36
Kaiser Wilhelm II 4, 8, 11, 17, 43f.
Kaisertreue 5
Kapitalismus 36ff.
Karriere 8
Klassik 36
Liberalismus 5, 10
Liebe 6, 7, 8, 16f., 54
Machtmensch 4
Machtprinzip 4, 5, 19, 41ff.
Mann, Heinrich (Leben) 22f.
Mann, Thomas 23
Masochismus 6, 45
Militär 7
Nationalsozialismus 20, 23
Naturalismus 36
Netzig – eine Kleinstadt 9ff.
Neuromantik 36f.
Paradoxie 24, 35, 43f.
Patriotismus 43
personale Erzählsituation 28
politische Gesinnung 42f.
»Professor Unrat« 24, 59f.
Prozess 11ff.
Radfahrerprinzip 42
Religion 49f.
Satire 28ff., 35, 60
Personen (Schaubild) Info-Klappe
Satire 28f., 30ff., 35, 37f., 59f.
Schauspielermotiv 47f.
Sozialdemokratie 10, 18
soziale Kontakte 10ff.
sozialer Fortschritt 19
Sprachebenen 32f.
sprachliche Form 30ff.
Sternheim, Carl 37
Studentenverbindung 4, 7f.
szenische Darstellung 28
Über-Ich 45, 54
Zeitroman 35